Heike M. Cobaugh
Susanne Schwerdtfeger

Work-Life-Balance

Heike M. Cobaugh
Susanne Schwerdtfeger

Work-Life-Balance

So bringen Sie Ihr Leben
(wieder) ins Gleichgewicht

REDLINE WIRTSCHAFT
bei verlag moderne industrie

Bibliografische Information Der Deutschen Bibliothek
Die Deutsche Bibliothek verzeichnet diese Publikation in der
Deutschen Nationalbibliografie; detaillierte bibliografische Daten
sind im Internet über http://dnb.ddb.de abrufbar.

Copyright © 2003 verlag moderne industrie, 80992 München
http://www.redline-wirtschaft.de

Alle Rechte, insbesondere das Recht der Vervielfältigung und Verbreitung sowie der Übersetzung, vorbehalten. Kein Teil des Werkes darf in irgendeiner Form (durch Fotokopie, Mikrofilm oder ein anderes Verfahren) ohne schriftliche Genehmigung des Verlages reproduziert oder unter Verwendung elektronischer Systeme gespeichert, verarbeitet, vervielfältigt oder verbreitet werden.

Umschlaggestaltung: Vierthaler & Braun, München
Umschlagabbildung: ZEFA / H. G. ROSSI
Satz: Fotosatz Reinhard Amann, Aichstetten
Druck und Bindearbeiten: Himmer GmbH, Augsburg
Printed in Germany 74520/020301
ISBN 3-478-74520-9

Inhaltsverzeichnis

Vorwort 10

1. **Aus dem Gleichgewicht geraten** 13
    Was werden Sie mit 60 Jahren von sich sagen? 13
    Disbalance tut weh 14
    Leben im Gleichgewicht 15
    Wo ist die Disbalance? 16
    No rules, just right 18

2. **Arbeit und Beruf: Zu viel Arbeit, zu wenig Leben** ... 20
    Balancing im Betrieb 20
    Do it yourself 21
    Was ist zu viel Arbeit? 22
    Wofür arbeiten Sie? 24
    Das Aha-Erlebnis der Arbeit 25
    Bekommen Sie, was Ihnen wichtig ist? 26
    Setzen Sie Prioritäten 27
    Passen Sie die Arbeit Ihren Prioritäten an 29
    Erarbeiten Sie sich Freiräume:
    Die Wünsche-werden-wahr-Methode 30
    Arbeit und umfassendes Gleichgewicht 35
    Die Preistabelle 36
    Den Job ausbalancieren 37
    Balancing-Hemmnisse 38
    Die Angst anzuecken 39
    Die Angst draußen zu stehen 40
    Berufsbalancing ist Verhandlungssache 41
    Karriereschaden 43
    Die erste Verunsicherung 44
    Statusverlust 44
    Umgehen mit Rückfällen 46

Mut zum eigenen Leben 46
Stehen Sie dazu 47
Was es bringt 48

3. Die sozialen Kontakte: Welche und wie viele brauchen Sie? 50
Der Deprivationstest: Kommen Sie ganz ohne aus? 50
Der Mensch lebt nicht vom Brot allein 51
Es schmerzt eben doch 53
Warum lassen wir es so weit kommen? 54
Disbalance-Analyse: Haben Sie noch ausreichend sozialen Kontakt? 54
Hindernisse für das soziale Gleichgewicht 57
Kein schlechtes Gewissen 61
Die Organisation der sozialen Kontakte 62
Netzwerkpflege 67
Die Kosten der sozialen Verarmung 70
Pflichtveranstaltungen 71
„Für die sozialen Kontakte ist meine Frau zuständig." .. 75
Ist Monokultur eine Gefahr? 76
Worst Case 76
Was es bringt 81

4. Emotionale Bindungen: Qualität statt Quantität 84
Heftige Störungen daheim 84
Haben Singles emotionale Bindungen? 85
Familien- und Beziehungsflucht 87
Quality Time 88
Muss das alles sein? 99
Das Rollenproblem: Beruflich sind Sie wer, wer sind Sie privat? 101
Das ewige Schuldgefühl: Ich bin nicht gut genug 104
Hart im Büro, weich zu Hause 107
Im Beruf die große Vorgesetzte, daheim das brave Mädchen 108
Sprachlosigkeit 109

Inhaltsverzeichnis

    Was macht Ihr Sexualleben? 112
    Zurück zu den Singles 115
    Emotionale Autonomie 118
    Keine Zeit? 120

5. Intellektuelle Entwicklung: Feed your mind! 122
    Geistig unterernährt? 122
    Geistige Nahrung innerhalb und außerhalb des Jobs 126
    Einwände 132
    Wann und wie oft füttern? 135
    Mit wem umgeben Sie sich? 136
    Fernsehen zählt nicht 138
    Was es bringt 142
    Das Stiefkind der Moderne 143
    Die tägliche Stunde 147

6. Das körperliche Gleichgewicht: gesund und fit 152
    Wo zwickt's? 152
    Alles, was gut ist, schmeckt nicht 156
    Gesunde Ernährung 159
    Gesunde Bewegung 169
    Stressabbau 177
    Sorgen, Ärger, Ängste 184

7. Die innere Ordnung: Werte und Spiritualität 191
    Die innere Leere 191
    Werte und Disbalance 192
    Lernen Sie Ihre Werte kennen 193
    Die große Revision 196
    Wertekonflikte lösen 198
    Spiritualität 201
    Spiritualität im Alltag 213

Nachwort 225
Stichwortverzeichnis 227

Anmerkung

Um das Arbeiten mit diesem Buch für Sie möglichst einfach und effizient zu gestalten, haben wir wichtige Textpassagen mit folgenden Icons gekennzeichnet:

 Achtung, wichtig    Beispiel

 Aufgabe, Übung    Tipp

 Das sollten Sie auf jeden Fall vermeiden.

Ihre Meinung ist uns wichtig!

Bei Anregungen, Fragen und Kritik erreichen Sie uns unter folgender Adresse:

REDLINE WIRTSCHAFT
bei verlag moderne industrie
Lektorat
80992 München
Internet: http://www.redline-wirtschaft.de

Vorwort

Unser Leben ist aus dem Gleichgewicht geraten.
Die meisten Menschen arbeiten immer mehr, immer länger, immer härter, fangen immer mehr Freizeitaktivitäten an, schaffen sich immer mehr und bessere Autos, Mountainbikes, Hifi-Anlagen an, machen immer exotischere Urlaube – doch werden sie dabei auch immer zufriedener oder glücklicher? Nein – im Gegenteil.
In ganz Westeuropa herrscht seit einiger Zeit die kollektive Unzufriedenheit, ja Sorge über das Leben und in welch unerfreuliche Richtung es sich in den letzten Jahren entwickelt hat. Wohin wir auch blicken, herrscht rastlose Hektik. Die Tage sind zum Bersten mit Verpflichtungen gefüllt. Es gibt keine Zeiten der Entspannung mehr. Im Gegenteil, gerade die so genannte Freizeit ist oft fast ebenso stressig wie die Arbeit selbst: Fitnessstudio, quengelnde und fordernde Familie, Aktivurlaub, Adventure Sports...
Unter dem Druck einer hektischen Umwelt entwickeln viele Menschen seltsame Wünsche: „Endlich mal wieder ein gutes Buch lesen – ohne schlechtes Gewissen!" – „Einfach mal für eine halbe Stunde die Beine baumeln lassen." So simpel diese Wünsche erscheinen, so unerfüllbar sind sie in dieser verrückten Zeit geworden. Das schlechte Gewissen ist unser ständiger Begleiter: Wenn wir tatsächlich mal ein gutes Buch lesen, haben wir sofort ein schlechtes Gewissen, weil wir doch eigentlich... tun müssten. Wenn wir endlich mal für zehn Minuten die Beine baumeln lassen, können wir es nicht genießen, weil wir doch eigentlich...
Egal, was wir tun, wir sollten eigentlich etwas anderes tun. Wir haben eine große Sehnsucht nach Ruhe – doch das schlechte Gewissen ist größer! Wir hetzen 16 Stunden am Tag gleichzeitig einem halben Dutzend Aufgaben hinterher. Körper, Geist, Seele, Familie oder Beziehung bleiben dabei auf der Strecke. Da ist of-

fensichtlich etwas aus dem Gleichgewicht geraten: Wir geben so viel und bekommen so wenig dafür. Kein Wunder, dass sich so mancher vom Leben betrogen fühlt.

Dabei ist es nicht nur so, dass wir viel geben und wenig dafür bekommen. Nein, es ist schlimmer: Je mehr wir geben, desto weniger scheinen wir zu bekommen! Unser Leben ist nicht nur aus dem Gleichgewicht. Die Disbalance ist auch noch dynamisch: Sie verschärft sich von Jahr zu Jahr. Eine wahre Höllenmaschine.

Eine Höllenmaschine, von der wir nicht herunterkommen. Wie denn, wenn der Chef, die Familie, der Partner, die Kollegen, Kunden, Mitarbeiter... ständig etwas von uns wollen! Wir machen das alles doch nicht freiwillig! Wir sind mehr oder minder dazu gezwungen! Das macht alles nur noch schlimmer. Nicht nur, dass das Leben aus dem Gleichgewicht geraten ist. Nein, wir scheinen auch noch völlig die Kontrolle über unser Leben verloren zu haben und nur noch auf die Wünsche und Anforderungen anderer zu reagieren. Dieses Gefühl des Kontrollverlusts über das eigene Leben belastet. Wir fühlen uns, zu Recht, fremdgesteuert. Wir reagieren nur noch auf Druck von außen. Wir leben nicht wirklich; wir werden gelebt. Aber was soll man machen? So sind die Zeiten eben! Damit müssen wir alle leben.

Irrtum. Damit muss niemand leben. Natürlich ist der Druck von allen Seiten groß, doch von diesem Druck können wir uns befreien. Natürlich haben wir kaum noch Kontrolle über unser eigenes Leben, doch wir können die Kontrolle wiedererlangen. Natürlich ist unser Leben arg aus der Balance geraten, doch wir können es wieder ins Gleichgewicht bringen. Nichts anderes bedeutet Balancing, von dem dieses Buch handelt.

Wie bringen Sie Ihr Leben wieder ins Gleichgewicht? Gibt es ein Geheimrezept? Nein, es gibt etwas viel Besseres: einen inneren Glückspunkt. Jeder hat ihn, auch Sie. Jeder hat ihn schon gespürt, auch Sie. Es sind diese seltenen Momente der vollkommenen Glückseligkeit, des stillen Glücks, der tiefen Erfüllung oder einfach der Zufriedenheit mit sich und der Welt. Für jeden Menschen fühlt sich dieser innere Glückspunkt anders an – aber jeder Mensch weiß ganz genau, wie er sich anfühlt. Diese Momente sind selten. Warum? Weil sie eher zufällig auftreten – wenn alles „zusammenpasst".

Diese Glücksmomente, diese Augenblicke tiefer Zufriedenheit sind jedoch kein Zufall und kein Schicksal. Sie hängen keineswegs von einer glücklichen Wendung der Verhältnisse ab. Wir können sie beeinflussen, steuern, aus eigener Kraft selbst erreichen. Nicht nur einmal im Quartal. Nicht nur einmal im Monat. Sondern täglich. Jeder Mensch hat ein Recht darauf. Balancing verhilft Ihnen zu Ihrem Recht. Balancing ist keine trockene Theorie, sondern tausendfach in der Praxis erprobt. Wenn Menschen in unseren Seminaren oder Coachings sozusagen „balancen", dann:

→ wissen sie danach, was im Leben wirklich wichtig für sie ist;
→ wissen sie danach, wie viel sie wovon brauchen, um zufrieden oder glücklich mit ihrem Leben zu sein;
→ eliminieren oder reduzieren sie Burn-out-Beschwerden oder beugen ihnen erfolgreich vor;
→ wissen sie besser, was Erfolg für sie bedeutet;
→ führen sie endlich ein ausgewogenes Leben;
→ bringen Sie Beruf und Familie, Persönliches und Beziehung endlich unter einen Hut;
→ können sie mehr Verantwortung für ihre seelische Gesundheit übernehmen;
→ steigt ihre Lebensqualität beträchtlich;
→ steigt ihre körperliche, geistige und seelische Fitness.

Ihr Leben ist eben so, wie es sein soll: (wieder) im Gleichgewicht. Und dasselbe können Sie erreichen, wenn Sie dieses Buch lesen und mit ihm arbeiten.

1 Aus dem Gleichgewicht geraten

Was werden Sie mit 60 Jahren von sich sagen?

Einer unserer Coaching-Klienten sagt über sich: „Ich bin 58 Jahre, Bereichsleiter in einem deutschen Konzern, aus gesundheitlichen Gründen frühzeitig pensioniert, nach 30 Jahren Ehe kürzlich geschieden. Am Ende stehe ich vor einem angeblich erfolgreichen Leben. Eine Frage sei erlaubt: Wo in meinem Leben lag die verpasste Gelegenheit, der Zeitpunkt, an dem ich mit Zufriedenheit und wirtschaftlicher Sicherheit dem Erfolgsstreben hätte widerstehen können und müssen?"

Das ist eine gute Frage, wenn nicht die Frage überhaupt. Wann hätte er das Ruder herumreißen und die Disbalance korrigieren sollen? Dahinter steht die Frage: Wann ist genug? Wann müssen wir aus dem endlosen Konkurrenzkampf aussteigen, um am Ende nicht persönlich Bankrott zu gehen? Was werden Sie mit 60 von sich sagen? An welcher Stelle in Ihrem Leben werden Sie angelangt sein – wenn Sie den Weg weiterverfolgen, den Sie jetzt gerade gehen? Eine beunruhigende Frage.

Stellen Sie sich vor, Sie schauen mit 60 Jahren auf Ihr Leben zurück – eine leichte geistige Übung. Wie wäre Ihr Leben verlaufen, wenn es ein glückliches, zufriedenes, erfülltes Leben gewesen wäre? Was hätte dieses Leben vorzuzeigen? Wenn Sie möchten, notieren Sie es kurz:

```
..............................................................................
..............................................................................
..............................................................................
..............................................................................
```

Erreichen Sie diese Ziele? Sind Sie auf diesem Weg? Offensichtlich nicht ganz – sonst hätten Sie nicht zu diesem Buch gegriffen.

Disbalance tut weh

Dass wir nicht auf dem rechten Weg sind, haben wir alle schon bemerkt. Wir fühlen uns betrogen: Wir geben so viel – und was bekommen wir dafür? Ein Leben, das viel zu stressig, hektisch und kraftraubend ist, um es Leben zu nennen. Ein von Ängsten geplagtes Leben. Angst um den Arbeitsplatz, um die finanzielle Sicherheit im Alter, um die Zukunft unserer Kinder, um gesunde Nahrung, Angst, das bisschen sauer erworbenen Wohlstand zu verlieren.
Der Körper macht nicht mehr mit. Es gehört heute fast schon zum guten Ton, eine stressbedingte Krankheit zu haben: Magen- oder Rückenprobleme, Schlafstörungen, Verspannungen, Stresskopfschmerz...
Sieht so ein modernes Leben aus? Nein, so sieht ein aus dem Gleichgewicht geratenes Leben aus. Das ist ein bedeutsamer Unterschied:

> Wenn modernes Leben stressig wäre, könnten wir nichts dagegen tun (außer aussteigen). Da unser Leben aber lediglich aus dem Gleichgewicht geraten ist, können wir es wieder ins Gleichgewicht bringen.

Wann immer unser Leben aus der Balance gerät, treten die oben geschilderten Symptome und persönlichen Störungen auf. Disbalance tut weh.

Leben im Gleichgewicht

Die Waage des Lebens hängt offensichtlich schief. Der Preis unserer hektischen Zeit? Das ist der Irrtum, dem viele unterliegen. Tatsächlich kann man auch heute noch ausgeglichen, erfolgreich und zufrieden leben. Die Disbalance des Lebens ist reparabel und vermeidbar. Auch heute noch kann jeder ein Leben im Gleichgewicht aus beruflichem Erfolg, persönlicher Zufriedenheit und privatem Glück führen. Aber: Dieses Gleichgewicht stellt sich nicht von selbst ein. Wer darauf wartet, dass die Zeiten sich ändern, dass es endlich mehr Kindertagesstätten, weniger überfordernde Chefs, verständnisvollere Kollegen oder vernünftige Kunden gibt, der wartet, bis er schwarz ist.

Das Gleichgewicht muss man suchen und das eigene Leben aktiv wieder ins Lot bringen. Das ist Arbeit, das kommt nicht von allein. Das haben Sie bereits bemerkt. Schließlich sind Sie schon aktiv geworden. Sie haben zum Buch gegriffen. Das Schöne daran: Es braucht nicht viel, um das eigene Leben ins Gleichgewicht zu bringen. Man braucht kein Studium, keinen dreistelligen IQ, kein Vermögen, keinen Sitz im Vorstand und keine stundenlangen Seelenspaziergänge dazu. Man braucht überhaupt keine besonderen Fähigkeiten dafür. Man muss es lediglich tun. So gesehen ist das Leben gerecht: Jeder kann ein Leben im Gleichgewicht führen.

Vom Abwarten kommt nichts ins Gleichgewicht

Wie das geht, zeigt das Buch für die sechs wesentlichen Lebensbereiche, die wieder ins Lot gebracht werden müssen. Es sind nur sechs, nicht mehr. Wenn diese sechs Sektoren aufeinander abgestimmt sind, ist unser Leben im Gleichgewicht und wir erleben diese Glücksmomente, die wir so schätzen. Diese sechs Sektoren sind noch nicht einmal neu. Wir kennen sie alle. Wir bekommen sie lediglich bislang nicht unter einen Hut. Es sind:

→ Arbeit und Beruf (s. Kapitel 2): Wir arbeiten zu viel, leben zu wenig.
→ Die sozialen Kontakte (s. Kapitel 3): Weil wir in Sektor 1 zu viel tun, verarmen wir sozial.
→ Emotionale Bindungen (s. Kapitel 4): Familie und Beziehung bleiben auf der Strecke.
→ Intellektuelle Entwicklung (s. Kapitel 5): Wir tun so viel für andere – doch dabei verarmt der eigene Geist. Feed your mind!
→ Die körperliche Gesundheit (s. Kapitel 6): Muss dazu noch etwas gesagt werden?
→ Spiritualität (s. Kapitel 7): Es muss doch noch mehr geben! Gibt es. Finden Sie es.

Wo ist die Disbalance?

Sie fühlen sich unzufrieden? Sie haben das Gefühl, Ihr Leben sei aus der Balance? Bevor wir es wieder ins Lot rücken, sollten wir feststellen, was überhaupt aus dem Lot geraten ist.
Stellen Sie sich einen Hochseilartisten vor, der auf einem Seil balanciert. Er hat eine Balancierstange in den Händen. Während der Artist balanciert, hängt der Zirkusclown an das linke Ende der Stange einen 40 Kilo schweren Kartoffelsack. Was passiert? Der Artist gerät aus der Balance. Weil die Gewichte nicht mehr gleichmäßig verteilt sind.

Wo ist die Disbalance?

Das Leben ist etwas komplizierter als eine Hochseilnummer. Wir haben sechs Gewichte, die wir ausbalancieren müssen. Deshalb stimmt der alte Spruch „Berufliches und Privates unter einen Hut bringen" nicht wirklich: Es sind eben nicht nur zwei Dinge, die man unter einen Hut bringen müsste. Dann wäre das Ganze nicht so schwer.
Wo ist in Ihrer Balancenummer das Ungleichgewicht? Stellen Sie sich die sechs Lebensbereiche vor. Das fällt Ihnen leichter, wenn Sie es mit bildhafter Unterstützung (s. Grafik unten) machen.
Zeichnen Sie die sechs Radsegmente ein (wie Tortenstücke in einer Torte), deren Namen rechts neben dem Rad stehen. Was bekommt den größten Teil der Radinnenfläche? Jener Lebensbereich, der aktuell am wichtigsten für Sie ist. Dann kommt der zweitwichtigste und so weiter. Kleiner Hinweis: Verteilen Sie die Radsegmente nach der *aktuellen* Wichtigkeit, nicht nach der gewünschten. Also so, wie Ihr Leben derzeit ist, nicht, wie es eigentlich sein sollte. Nehmen Sie am besten dafür einen Bleistift, weil man oft beim ersten Mal die richtigen Proportionen nicht erwischt.

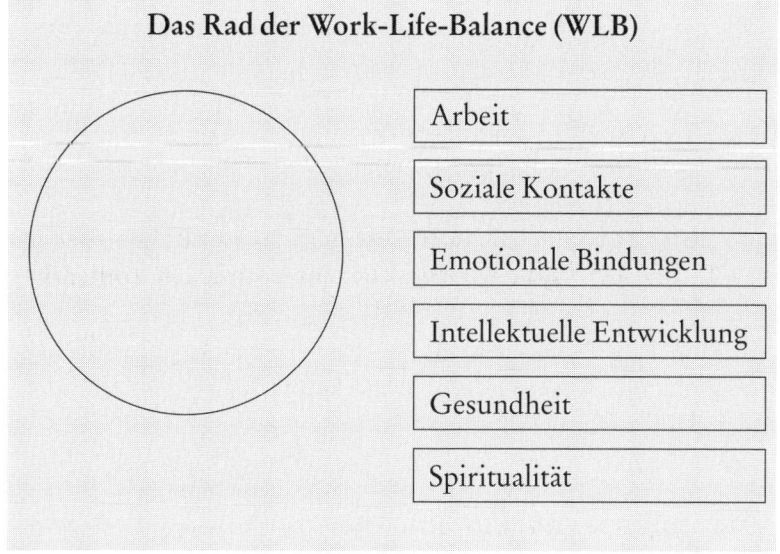

Finden Sie das Rad so in Ordnung, harmonisch aufgeteilt? Sicher nicht. Sonst hätten Sie nicht zu diesem Buch gegriffen. Die Größenverteilung der „Tortenstücke" wird Ihnen nicht gefallen. Da sind Stücke dabei, die viel zu groß sind. Andere sind zu klein. Gerade deshalb ist das Leben aus dem Gleichgewicht – das Rad läuft quasi unrund. Wenn es das Rad eines Autos wäre, müsste man es zum Auswuchten in die Werkstatt geben. Sie können nun jenen Radbereich auswählen, der Sie am stärksten nach unten zieht, und sofort in dieses Kapitel springen. Sie können aber auch das Buch ganz normal von vorn bis hinten lesen, weil im Grunde – das haben Sie sicher schon bemerkt – alle Lebensbereiche irgendwie zusammenhängen.

No rules, just right

Wie sähe denn die Verteilung der Segmente innerhalb des WLB-Rades aus, wenn Ihr Leben im Gleichgewicht wäre? Zeichnen Sie die Verteilung ruhig mal auf ein Blatt. Merken Sie was? Allein die bloße Vorstellung von einem Leben in Balance bringt Sie Ihrem inneren Glückspunkt näher.
Wie muss denn das WLB-Rad aussehen, wenn ein Leben im Gleichgewicht ist? Diese Frage wird bei Seminaren häufig gestellt. Sie ist verständlich, wenn auch die Antwort anders ausfällt, als die meisten erwarten: Es gibt kein Musterleben.
Man kann also nicht sagen: „50 Prozent Arbeit, 20 Prozent soziale Kontakte, 15 Prozent Familie ... und Sie werden garantiert glücklich!" Einige Menschen finden das enttäuschend: „Och, es gibt kein Patentrezept!" Die meisten finden das jedoch ausgesprochen gut: „Keine Regeln? Dann kann ich also ganz allein bestimmen, was gut für mich ist?" Exakt.
Jeder hat seine eigene Balance. Das Gleichgewicht eines Menschen unterscheidet sich von dem jedes anderen Menschen. Die Balancepunkte sind so unterschiedlich und unverwechselbar wie

Fingerabdrücke. Einer erreicht diesen Glückspunkt mit zwölf Stunden Arbeit am Tag, ein anderer mit sechs Stunden – und beide sind glücklich dabei! Warum? Weil es nicht darum geht, vorgeschriebene Radsegmentgrößen einzuhalten, sondern exakt jene Segmentgrößen zu finden, bei denen Sie Ihren inneren Glückspunkt erreichen. Genau das machen wir in den folgenden sechs Kapiteln. Wir suchen für jeden der sechs Sektoren Ihren persönlichen Glückspunkt.

Jeder Mensch hat seinen eigenen inneren Glückspunkt

2 Arbeit und Beruf: Zu viel Arbeit, zu wenig Leben

Balancing im Betrieb

Work-Life-Balancing-Programme gibt es schon seit etlichen Jahren in vielen US-Unternehmen, seit wenigen Jahren auch in einigen deutschen. Nicht alle tragen das modische Label „Work-Life-Balance", doch alle unterstützen den Ausgleich zwischen der Arbeit und dem Rest vom Leben. Diese Programme stehen seit einiger Zeit verstärkt in der öffentlichen Diskussion. Die *Zeit* (Ausgabe 46/2001) nennt einige deutsche Unternehmen, die Balancing-Programme anbieten:

Bei BMW gibt es über 350 verschiedene Arbeitszeitkonzepte, darunter auch 1100 Telearbeitsplätze (Home Offices), die übrigens zu 70 Prozent von Männern genutzt werden. Zirka 200 Mitarbeiter jährlich nutzen das Sabbatical, im Schnitt 2,5 Monate lang (superlanger Urlaub, sozusagen).

VW beteiligt sich an der „Work-Life-Balance-Initiative" des Bundesfamilienministeriums, das Vätern mehr Spielräume bei der Arbeitszeitgestaltung einräumt.

Das Thüringer Ministerium für Soziales, Familie und Gesundheit hat in 2001 den Preis der Hertie-Stiftung für sein vorbildliches Programm zur Betreuung der Kinder von Mitarbeitern während der Schulferien erhalten.

„Boxenstopp"

Bei Porsche in Zuffenhausen läuft seit 2001 das Programm „Boxenstopp", bei dem sich Mitarbeiter in der Elzthal-Klinik im Schwarzwald durchchecken und sich auf Vordermann bringen lassen können.

Das heißt: Viele Firmen unterstützen bereits aktiv die Work-

Life-Balance. Ihre Firma vielleicht auch? Wenn Sie nicht sicher sind: Fragen Sie Ihren zuständigen Personalreferenten.
Der freut sich darüber. Denn diese Programme sind nicht immer so präsent, dass man sie auf den ersten Blick sieht. Ist die Antwort „Nein", dann wiederholen Sie diese Nachfrage einmal im Quartal und bitten Sie Ihre Kolleginnen und Kollegen, das ebenfalls zu tun. Spätestens nach zirka einem Jahr haben Sie das Programm damit in Gang gesetzt. Und kommen Sie nicht mit der Ausrede: „Unsere Geschäftsführung lässt sowieso nicht mit sich reden!" Das mag für goldgepresste Büroklammern gelten. Für Work-Life-Balance (WLB) gilt das nicht, weil das zurzeit ein so genanntes Buzzword ist. Will heißen: WLB ist „in". Manager und Unternehmen können sich mit einer WLB-Initiative profilieren. Also werden Sie vorstellig. Wenn Sie clever sind, bieten Sie sich gleich als Projektleiter für das WLB-Projekt an.

Do it yourself

Selbstbewusste Mitarbeiter und Führungskräfte auf allen Hierarchieebenen warten in der Regel nicht, bis ihr Unternehmen eine WLB-Initiative startet. Sie ergreifen selbst die Initiative.

> Horst Schlegel zum Beispiel, ein Entwicklungsingenieur bei einem Investitionsgüter-Hersteller nahe Ulm, betrieb Balancing, lange bevor das Wort erfunden wurde. Er sagte schon vor 20 Jahren zu seinem Chef: „Ich werde künftig vier Tage pro Woche im Büro sein. Den fünften arbeite ich zu Hause. Ich brauche einen Tag, an dem nicht alle fünf Sekunden die Tür aufgeht und einer etwas von mir will. Wenn Sie möchten, dass ich meine Projekte termingerecht abliefere, sagen Sie Ja." Sein Chef sagte Ja und steht 20 Jahre später noch immer zu seinem Wort.

Dieses Beispiel zeigt nicht nur, dass Work-Life-Balance keine unverhoffte Kollektivbeglückung ist, sondern in erster Linie Sache jedes Einzelnen. Es zeigt auch, warum so viele gut geführte Unternehmen Balancing-Programme anbieten. Nicht, weil die Arbeitgeber es so gut mit ihren Mitarbeitern meinten, sondern weil sie früher als jede Gewerkschaft erkannt haben, dass die heutige Hektik ihnen ihr Humankapital kaputtmacht. Maschinen müssen gepflegt werden, damit sie laufen, also warum nicht auch Menschen? Schließlich sind Maschinen leichter zu ersetzen als Menschen.

In Firmen ohne WLB-Programm ist Work-Life-Balance oft nur eine Frage von „Trau dich!"

Schlagen Sie Ihrem Vorgesetzten Ihre konkreten WLB-Wünsche vor. Trauen Sie sich. Er wird nicht zu allen Vorschlägen Nein sagen können. Tut er's doch, können Sie in einen anderen Unternehmensbereich wechseln. Oft sind die WLB-Angebote in anderen Bereichen besser. Schauen Sie sich um. Wer sucht, der findet.

> Falls Sie sich zurzeit mit dem Gedanken tragen, Ihren Job zu wechseln, nehmen Sie ins Anforderungsprofil für Ihren neuen Arbeitgeber auch die Work-Life-Kompetenz auf. Selbst wenn das Unternehmen nichts in dieser Richtung bieten kann, es macht bei der Bewerbung einen guten Eindruck zu wissen, was man will.

Was ist zu viel Arbeit?

Woher wusste Horst Schlegel, dass er künftig nur noch vier Tage am Arbeitsplatz sein möchte? Woher wusste er, dass er gerade mit vier Tagen seine Balance, seinen inneren Glückspunkt finden würde? Keine leicht Frage.

Die meisten Leute haben heute das Gefühl: „Ich arbeite zu viel!" Stress, Hektik und Leistungsdruck bestimmen unseren Alltag. Fast jeder leidet heute unter (mindestens) einem Stresssymptom:

Was ist zu viel Arbeit?

Magenprobleme, Kreuzschmerzen, zu viel Rauchen, Essen, Trinken, Tabletten schlucken, Übergewicht, Hautprobleme, Kopfweh ... Jeder würde deshalb gern weniger arbeiten. Manche von uns sagen das bereits seit Jahren – aber sie tun's nicht. Sie arbeiten immer noch nicht weniger. Warum? Weil die meisten von uns überhaupt nicht wissen, wie viel „weniger" ist.

Das heißt, wir wissen nicht, wo im Sektor Arbeit unser innerer Glückspunkt liegt. Ganz deutlich erkennt man dieses Fehlen des Zielpunktes an Äußerungen wie: „Wenn ich weniger arbeiten würde – was fang ich denn mit der vielen Freizeit an?" Das bedeutet, es ist überhaupt nichts da, mit dem die Waage wieder ins Gleichgewicht kommt, wenn auf der einen Waagschale etwas weggenommen wird: Auf der anderen Waagschale ist nämlich nichts. Eines der deutlichsten Zeichen dafür, dass offensichtlich etwas im Ungleichgewicht ist. Der Ausgleich fehlt!

Wie viel ist „weniger"?

Wer das Gefühl hat, zu viel zu arbeiten, sollte zuerst einmal herausfinden: Was bedeutet zu viel? Was wäre denn die richtige Menge Arbeit? Wenn Sie diese Frage zu beantworten versuchen, werden Sie schnell feststellen, dass Sie nicht wissen, womit Sie Ihre Arbeit messen sollen. In Stunden offensichtlich nicht. Denn kein Mensch weiß, ob er seinen inneren Glückspunkt bei vier, sechs, acht oder 20 Stunden erreicht. Warum nicht? Weil man nicht wegen der Stunden arbeitet, sondern wegen etwas Anderem. Und genau von diesem Anderen müssen wir genug bekommen, wenn es sich lohnen soll zu arbeiten. Und nun der Clou: Die meisten von uns wissen nicht (mehr), was dieses Andere ist.

Wir arbeiten oft zu viel, weil wir nicht wissen, was wir von unserer Arbeit erwarten – außer Geld natürlich

Wir arbeiten rein gefühlsmäßig mehr als nötig – nötig wofür? Dieses Wofür sollten wir zuerst herausfinden. Dann können wir auch sagen, wie viel wir arbeiten sollten, um dieses Wofür zu erreichen.

Wofür arbeiten Sie?

Sie arbeiten natürlich für das, was Ihnen wichtig ist. Doch was ist das? Kreuzen Sie an; selbstverständlich mit Mehrfachnennungen. Was mir in Bezug auf meine Arbeit wichtig ist:
- ❏ wirtschaftliche Sicherheit
- ❏ sicherer Arbeitsplatz
- ❏ Erfolgserlebnisse
- ❏ Status, Position, Prestige, Macht, Einfluss, Ansehen
- ❏ interessante Leute kennen lernen
- ❏ Austausch unter Gleichgesinnten
- ❏ mit kompetenten Leuten zusammenarbeiten
- ❏ Ich möchte einfach nur in Ruhe meine Arbeit machen.
- ❏ Ich möchte meine Arbeit so gewissenhaft machen, wie ich mir das vorstelle.
- ❏ Sie soll mir einen bestimmten Lebensstil ermöglichen.
- ❏ Ich möchte an technischen Neuerungen mitarbeiten.
- ❏ Gelegenheit zur Selbstverwirklichung
- ❏ Meine Arbeit soll mit meinen Werten übereinstimmen.
- ❏ Spaß
- ❏ Anerkennung von Vorgesetzten, Kunden, Mitarbeitern, der Gesellschaft, dem Freundeskreis
- ❏ Meine Arbeit soll Sinn machen.
- ❏ Sie soll mir Gelegenheit geben, mich für Menschen und Gesellschaft nützlich zu machen.
- ❏ Durch meine Arbeit soll die Welt ein bisschen besser werden.
- ❏ Sie sollte mir genügend Zeit für meine Familie lassen.
- ❏ Karriere
- ❏ Ich möchte meine Ideen einbringen können.
- ❏ Was ist Ihnen außerdem besonders wichtig?...........................
  ....
  ....

Das Aha-Erlebnis der Arbeit

Wenn unsere Teilnehmer im Coaching oder Seminar die obige Checkliste durchgehen, haben sie immer ein Aha-Erlebnis. Viele sehen zum ersten Mal in ihrem Leben schwarz auf weiß, was ihnen wirklich wichtig ist an ihrer Arbeit. Das ist durchaus paradox. Da arbeitet man 10, 20, 30 Jahre lang und erfährt nun plötzlich, was einem eigentlich wichtig daran ist! Bezeichnenderweise besteht so lange auch die Disbalance. Denn das eine hängt ursächlich mit dem anderen zusammen.

Warum kommt dieses Aha-Erlebnis erst jetzt? Sind wir zu dumm, um zu wissen, was uns wichtig ist bei der Arbeit? Nein, wir hatten dafür lediglich nie Zeit. Genauer: Wir haben uns nie die Zeit genommen, darüber nachzudenken. Vielleicht auch, weil wir Angst vor den Ergebnissen hatten. Denn oft vermuten wir tief im Innern (nicht ganz ohne Grund, schließlich spüren wir die Disbalance), dass unsere Arbeit uns nicht wirklich das gibt, was wichtig für uns ist. Selbst wenn dies bei der obigen Checkliste herausgekommen sein sollte: keine Panik. Dass Ihr Job nicht so toll ist, wie Sie vermutet haben, oder ebenso unergiebig, wie Sie befürchtet hatten, heißt noch lange nicht, dass Sie ihn hinwerfen sollen!

> Sie sind nicht dabei, Ihren Job mies zu machen. Sie sind vielmehr dabei, wieder mehr Kontrolle über Ihr Leben zu bekommen.

Und das beginnt damit, dass Sie erfahren, was Ihnen eigentlich wichtig an der Arbeit ist. Was fangen Sie mit dieser Erfahrung an? Sie stellen eine Frage dazu.

Bekommen Sie, was Ihnen wichtig ist?

Sie haben oben in der Checkliste einige Punkte angekreuzt. Eben das, was für Sie wichtig bei der Arbeit ist. Frage: Was Sie angekreuzt haben – gibt Ihnen Ihre Arbeit das überhaupt? Gibt sie es Ihnen in ausreichendem Maße?

Wenn wir ehrlich sind, stellen viele von uns fest: nein. Logisch, denn sonst gäbe es keine Disbalance. Nehmen wir an, Ihnen ist X ganz wichtig bei der Arbeit. Sie bekommen aber Y oder nur ½ X. Exakt das gibt uns das Gefühl, dass unser Leben arbeitsmäßig aus dem Lot ist. Das Ungleichgewicht lautet: viel Arbeit – wenig X!

Für die meisten ist dies eine ernüchternde bis frustrierende Erkenntnis: Sie bekommen nicht das von der Arbeit, was sie sich eigentlich davon erwarten. Bei manchen bricht nach dieser Erkenntnis eine Welt zusammen. Im Seminar und beim Coaching kann man den Erkennenden emotional auffangen. Wenn keiner in der Nähe ist: Machen Sie's selbst. Fangen Sie sich auf. Das geht. Bleiben Sie nicht zu lange in der Frustration hängen.

Jeder Frustration wohnt eine Lösung inne

Wenn Ihnen Ihre Arbeit nicht genug gibt, holen Sie sich's eben. Sie haben dazu zwei Möglichkeiten:
➔ Sie werfen den Job hin, wenn absolut keine Aussicht auf X besteht (natürlich erst, nachdem Sie sich nach einem neuen Job mit mehr X umgesehen haben).
➔ Sie verändern Ihre Arbeit so lange, bis sie mehr X hergibt. Geht das überhaupt? Sicher, das geht mit jeder Arbeit. Ganz einfach dadurch, dass Sie Prioritäten setzen.

Setzen Sie Prioritäten

Was wollen Sie in Zukunft von Ihrer Arbeit, damit Sie sich bei der Arbeit im Gleichgewicht fühlen? Die Antwort ist einfach: Das, was Sie in der obigen Checkliste angekreuzt haben. Sicher haben Sie nicht nur das zitierte X, also einen Wunsch, sondern mehrere Wünsche angekreuzt. Allein diese Vielfalt verwirrt die meisten von uns. Sie sind überrascht von dem, was sie von ihrer Arbeit erwarten, und überrascht, dass es so viele, teils recht unterschiedliche und manchmal auch widersprüchliche Dinge sind. Das ist verwirrend. Das stiftet nicht die Klarheit, die wir brauchen, um wieder Kontrolle über unser Leben zu bekommen. Also schaffen wir diese Klarheit.
Stellen Sie sich die Frage: Was ist am allerwichtigsten für mich? Worauf würde ich in Zukunft auf keinen Fall verzichten wollen? Es gibt eine innere Reihenfolge der Dinge, die fühlbar ist, wenn wir ihr einige Minuten nachspüren. Schreiben Sie Ziffern neben Ihre Wünsche in der Checkliste. Benutzen Sie zunächst dafür einen Bleistift, weil beim Priorisieren die Prioritäten einige Male wechseln können, bis sie emotional passen. Diese Reihenfolge muss in fünf Jahren nicht mehr dieselbe sein. Die Prioritäten ändern sich, weil und wenn wir uns ändern. Also nehmen Sie diese Prioritätenliste ruhig einmal im Jahr zur Hand und überprüfen Sie sie. Damit haben Sie bereits Ihre erste prophylaktische Balancing-Maßnahme kennen gelernt:

Priorisieren Sie die Wünsche an Ihre Arbeit

> So vermeiden Sie Disbalancen: Schauen Sie sich regelmäßig die Prioritätenliste Ihrer Arbeit an. Stimmt sie noch? Was hat sich geändert? Was also müssen Sie an Ihrer Arbeit ändern?

Unsere Arbeit ist wie eine Hose, von der man sich nicht trennen möchte. Wenn sie nicht mehr passt, machen wir sie passend. Sie sollten Ihre Prioritätenliste immer dann überprüfen, wenn Ihre Lebenssituation sich ändert. Denn dann ändern sich Prioritäten oft mit. Noch ein Tipp: Wenn Sie Ihre Prioritäten festgelegt haben, legen Sie die Liste beiseite und gehen Sie essen oder überschlafen Sie sie. Danach kann es nämlich sein, dass Sie einige der Prioritäten umstellen. Sie sehen daran auch, warum unser Leben so oft aus dem Lot ist: Wir kennen unsere Prioritäten viel zu wenig. Deshalb verstoßen wir ständig ungewollt gegen sie. Wir kennen sie so wenig, dass wir viele Anläufe brauchen, um sie endlich herauszufinden.

Weil einige Menschen uns das oft fragen: Bei der Priorisierung gibt es kein Falsch oder Richtig. Niemand kann also sagen: „Der Sinn einer Arbeit muss an erster Stelle stehen – sonst kann man kein ausgeglichenes Leben führen." Das ist das Schöne am Balancing: Jeder Mensch hat seine eigenen Prioritäten.

Sie können also die Prioritäten zweier Menschen nicht vergleichen und sagen: „Seine sind besser, ihre sind schlechter." Mancher sagt: „Natürlich muss meine Arbeit einen Sinn machen – sonst wäre das alles ja sinnlos!" Der andere sagt: „Wozu? Meine Arbeit muss keinen Sinn machen. Hauptsache, ich werde so gut bezahlt, dass ich mir das leisten kann, was ich mir im Leben leisten möchte." Wer hat Recht? Beide. Jeder sucht in der Arbeit, was ihm gut tut, was ihn zum inneren Glückspunkt führt. Wo genau dieser Glückspunkt liegt, ist egal. Hauptsache, Sie erreichen ihn. Prioritäten geben dem Leben eine Richtung, eine Orientierung, eine Klarheit und damit Motivation. Prioritäten sagen: Richte dich nach uns, und dein Leben wird ausgeglichen sein.

> Unser Leben ist nicht deshalb so oft aus dem Gleis, weil die Welt so hektisch ist (sie ist es), sondern weil wir uns so oft ungewollt gegen unsere eigenen Prioritäten verhalten.

Verletzte Prioritäten verursachen Disbalancen

Wir sagen Ja, wenn wir Nein sagen sollten, weil wir nicht wissen, was wir eigentlich wollen – und leiden darunter.

Sie kennen nun Ihre beruflichen Prioritäten. Was fangen Sie damit an? Sie passen Ihre Arbeit Ihren Prioritäten an. Richtig: Die meisten Menschen machen es genau anders herum. Daher kommen die Disbalancen im Sektor Arbeit.

Passen Sie die Arbeit Ihren Prioritäten an

Kaum haben sie ihre Prioritäten aufgestellt, ist vielen Menschen sofort klar, was sie an ihrer Arbeit, ihrem Job, ihren Aufgaben und Verpflichtungen ändern sollten, um zufriedener zu sein, um sich aufs persönliche Gleichgewicht zuzubewegen. Das ist das Schöne an Prioritäten: Sie zeigen, was nötig ist.
Jede Arbeit bietet genügend Freiräume, um mehr von dem zu bekommen, was Sie sich von der Arbeit wünschen. Sie brauchen diese Freiräume nur zu entdecken und zu nutzen. Wenn Sie zum Beispiel unter der Sinnlosigkeit der Arbeitshektik leiden, dann suchen Sie aktiv nach Aufgaben, Tätigkeiten und Projekten bei Ihrer Arbeit, die noch Sinn bieten. Wenn es keine oder nicht ausreichend davon gibt, schaffen Sie selbst welche. Es gibt immer Freiräume. Nutzen Sie sie.

Stefanie ist Kundenberaterin im Innendienst eines großen deutschen Unternehmens. Sie hasst es, ihre Kunden unter Zeitdruck und ständigen Störungen der Alltagshektik abfertigen zu müssen. Seit sie die Checkliste (s. o.) ausgefüllt hat, weiß sie auch, warum: Ungestörte Kundengespräche sind für sie wesentlich zur Erreichung ihrer Arbeitsbalance. Also beginnt sie, besonders guten Kunden Termine für ausführliche Gespräche an ruhigen Wochentagen und nach Feierabend anzubieten. Manchmal kommt sie dafür auch extra am Samstag ins Büro. Weil die Kunden ebenfalls meist sehr hektisch sind, klappt die Terminverlegung nur in drei von zehn Fällen. Doch Stefanie reicht das schon: „Diese drei guten Gespräche pro Woche geben mir, was ich von meiner Arbeit erwarte. Außerdem habe ich ja erst damit begonnen, mir meine Arbeit passend zu machen. Bis in einem halben Jahr habe ich die Quote sicher gesteigert."

Manche Freiräume bieten sich an – doch die meisten müssen Sie sich erarbeiten

Manchmal sind die Freiräume nicht ausreichend: Sie möchten noch mehr X von Ihrer Arbeit, wissen aber nicht, wie. Manche sagen dann: „Mein Job bietet eben nicht ausreichend …" Das ist genau so, als wenn Sie sagen würden: „Mein Auto springt nicht an – ab auf den Schrottplatz damit." Sie machen es sich zu einfach.
Von nichts kommt nichts. Wie erarbeiten Sie sich mehr Freiräume, damit Sie mehr X in Ihrem Job bekommen?

Erarbeiten Sie sich Freiräume: Die Wünsche-werden-wahr-Methode

Wünsche sind schön. Doch die meisten Menschen wissen nicht, wie man Wünsche verwirklicht. Was die meisten Menschen ebenfalls nicht wissen: Es gibt eine Methode, mit der man Wünsche realisieren kann. Das hat nichts mit Zauberei zu tun. Eher mit Methodik. Die Wünsche-werden-wahr-Methode ist nicht kompliziert. Sie hat nicht mehr als neun Schritte. Diese Schritte betrachten wir in den folgenden Abschnitten im Detail.

Formulieren Sie Ihren Wunsch oder Ihr Ziel, sich im Beruf mehr Freiraum zu verschaffen, positiv

„Ich möchte …"

Klingt absolut banal, ist es aber nicht. Die meisten Menschen formulieren nämlich spontan ihren Berufsbalancewunsch negativ: „So möchte ich nicht weiterarbeiten!" Wer seinen Wunsch auf diese Weise formuliert, verhindert die Wunscherfüllung. Denn negative Wünsche gehen nun mal nur per Zufall in Erfüllung. Nehmen Sie also Ihr diffuses Missbehagen über die Disbalance in Ihrem Job und formulieren Sie es zu einem positiven Ziel um. Claudia zum Beispiel sagt: „Ich möchte mehr von meinen eigenen Ideen in meine Arbeit einbringen können."

Formulieren Sie so konkret wie möglich

Nehmen wir die Formulierung von eben: „Ich möchte mehr von meinen eigenen Ideen in meine Arbeit einbringen können." Wenn das funktioniert, wäre Claudias Disbalance beseitigt. Aber das wird nicht funktionieren, denn der Wunsch ist so abstrakt, wolkig und unklar formuliert, dass sich selbst Claudia nichts Konkretes darunter vorstellen kann. Das sollte sie aber, denn sonst geht der Wunsch nicht in Erfüllung. Also formuliert sie: „Ich möchte in jedem meiner Projekte mindestens ein Leistungsmerkmal haben, das ich ganz allein angeregt und realisiert habe." Das ist sehr konkret. Merken Sie den Unterschied? Warum? Weil er fast körperlich spürbar ist: Was konkret ist, entwickelt einen fast schon physisch spürbaren Sog, eine starke innere Zielorientierung.

Formulieren Sie konkret!

Bis wann wollen Sie das Ziel erreichen?

Wenn Sie keinen Termin mit sich vereinbaren, kann der Termin leicht der Nimmerleinstag sein. Setzen Sie sich mit dem Termin andererseits auch nicht unter Druck – es sei denn, unter Druck arbeiten Sie leichter. Setzen Sie den Termin einfach so, dass Sie ein gutes Gefühl dabei haben: Das ist erreichbar! Merken Sie was? Wir haben gesagt, dass Balancing Ihnen wieder mehr Kontrolle über Ihr Leben verschafft. Und kaum etwas gibt einem so viel Kontrolle wie ein konkreter Termin.

Terminvereinbarung

Motivieren Sie sich selbst

Oft ist es so, dass wir ganz genau wissen, was nötig ist, um unsere Arbeit wieder ins oder nahe ans Gleichgewicht zu bringen. Das heißt, wir haben die Schritte eins bis drei schon hinter uns – dann bleiben wir stehen. Wir wissen zwar, dass unsere Arbeit aus der Balance ist, aber wir bringen nicht die nötige Motivation auf, das

Antizipation als Motivator

zu ändern. Deshalb machen wir uns Vorwürfe: „Tu doch endlich was! Sitz hier nicht bloß rum und jammere!" Bringt das was? Selten. Und wenn, dann nur kurzfristig. Ein Vorwurf ist ein schlechter Motivator. Einer der besten Motivatoren ist die Antizipation (geistige Vorwegnahme) des Erfolgs. Stellen Sie sich einfach so bildhaft wie möglich vor, wie es ist, wenn Sie das erreicht haben, was Sie sich von der Arbeit wünschen. Nichts motiviert stärker als Erfolg – wobei es für die Motivation im Prinzip gleichgültig ist, ob Sie den Erfolg tatsächlich hatten oder sich nur vorstellen (deshalb läuft einem das Wasser im Mund zusammen, auch wenn man sich eine Zitrone lediglich vorstellt: Das reicht schon). Die einzige Voraussetzung: Sie sollten es sich so intensiv wie möglich vorstellen. Mit allen Details, mit allen visuellen und akustischen Eindrücken, mit allen Freudengefühlen, allem Stolz und aller Zufriedenheit. Sie kennen den Effekt übrigens vom Urlaub: Man muss sich den nächsten Urlaub oft nur vorstellen, um schon motivierter zu sein. Stellen Sie sich Ihren Wunsch so lebhaft wie möglich vor und Sie bekommen die nötige Motivation, ihn anzupacken.

Erinnern Sie sich Ihrer Fähigkeiten

Kennen Sie Ihre Ressourcen?

Sehr oft erscheint Balancing im Beruf als aussichtslos: „Meine Arbeit macht eben keinen Sinn und daran kann ich auch nichts ändern." Das heißt, der eigene Balancewunsch erscheint unrealistisch, zu groß, utopisch. Nicht, weil er tatsächlich utopisch wäre, sondern weil uns das Herz in die Hose gerutscht ist. Das heißt: Wir sehen nur noch die Hindernisse, nicht mehr die eigenen Fähigkeiten, sie zu überwinden. Also blenden Sie diese einfach wieder ein. Rufen Sie sich ins Gedächtnis, was Sie an Fähigkeiten, an Unterstützung, Chancen, Gelegenheiten, Kontakten, Mentoren, Bekanntschaften mit Leuten, die ein ähnliches Problem schon mal gelöst haben, an Informationen, Tipps ... zur Verfügung haben, um Ihr Ziel zu erreichen. Wenn Sie diese Liste an Ressourcen schriftlich festhalten, werden Sie umso stärker motiviert sein.

Was brauchen Sie darüber hinaus?

Welche Ressourcen über jene hinaus, die Sie bereits haben, brauchen Sie noch, um sich Ihren Wunsch zu erfüllen? Welche Fähigkeiten, Unterstützung, Chancen…? Nutzen Sie vor allem die Ressource der Gleichgesinnten und „alten Hasen". Es gibt in Ihrem persönlichen oder beruflichen Umfeld viele Menschen, denen es ähnlich ging oder geht wie Ihnen. Nutzen Sie deren Erfahrung oder die Unterstützung eines Kreises Gleichgesinnter, um schneller voranzukommen.

Suchen Sie sich Gleichgesinnte

Welches Preisschild trägt Ihr Wunsch?

Viele Menschen vergessen diese Frage und erleben ein unsanftes Erwachen. Andreas will endlich die Bereichsleiterposition, damit er sich zufriedener fühlt – doch als er sie hat, sieht er wegen der gewachsenen Aufgabenfülle seine Familie kaum mehr. Fragen Sie sich also: Welche Kosten oder negativen Folgen hat mein Wunsch, wenn er sich erfüllen sollte? Bin ich bereit, diesen Preis zu zahlen? Gibt es Möglichkeiten, diesen Preis zu modifizieren? Indem Sie zum Beispiel Ihren Wunsch etwas herunterschrauben oder ihn ganz aufgeben, wenn der Preis gar zu hoch ist? Selbst wenn Sie den Wunsch aufgeben, können Sie das mit gutem Gewissen tun. Sie wissen ja, dass er den Preis nicht wert ist. Dann fragen Sie sich: Was will ich stattdessen? Und beginnen von vorn. Übrigens: Zum Preis eines Wunsches gehört auch die Frage: Wer könnte etwas dagegen haben?

Ist der Preis zu hoch?

Welches ist der nächste Schritt?

Viele Menschen sind von ihren Zielen so begeistert, dass sie vergessen, darüber nachzudenken, wie denn der erste Schritt aussehen müsste. Das sollte man jedoch, damit überhaupt Bewegung in die Sache kommt. Denn selbst die größte Reise muss mit dem ersten Schritt beginnen. Brechen Sie das große Ziel auf kleine Teilziele herunter. Gesamtziele ohne kleine zwischengeschaltete Teilziele demotivieren nämlich bei der Realisierung eher.

Der Vertrag mit sich selbst

Verlieren Sie das Ziel nicht aus den Augen

Viele Menschen verlieren mittendrin einfach die Lust, die Motivation oder die Disziplin, ihren Wunsch weiterzuverfolgen. Warum? Weil sie das Ziel aus den Augen verlieren. Lassen Sie es nicht dazu kommen. Hängen Sie sich Ihr Ziel auf einem Zettel an Ihren Arbeitsplatz, an den Schminkspiegel, über den Frühstückstisch, in den Geldbeutel..., damit Sie es immer vor Augen haben.

Stimmt, die Wünsche-werden-wahr-Methode macht etwas mehr Mühe, als einfach zu sagen: „Meine Arbeit stellt mich überhaupt nicht zufrieden!" Als Gegenleistung liefert sie tadellose Ergebnisse. Wir sehen daran wieder einmal: Balancing ist eine Aktivität, kein Abwarten. Wir können unser Leben selbst in der ultimativen Hektik dieser Zeit wieder ins Gleichgewicht bringen – wenn wir etwas dafür tun. Jammern bringt nichts, ist aber sehr bequem. Die Wünsche-werden-wahr-Methode bringt was, macht aber Arbeit. Bequemlichkeit oder Balance – was möchten Sie?

Damit Sie mit der Methode arbeiten können, hier nochmals die Schritte der Wünsche-werden-wahr-Methode im Überblick:

Die Wünsche-werden-wahr-Methode

1) Formulieren Sie Ihren Wunsch oder Ihr Ziel positiv.

2) Formulieren Sie so konkret wie möglich.

3) Bis wann wollen Sie das Ziel erreichen?

4) Motivieren Sie sich selbst mit der Antizipation des Erfolgs.

5) Erinnern Sie sich Ihrer vorhandenen Ressourcen zur Zielerreichung.

6) Welche Ressourcen benötigen Sie darüber hinaus?

7) Welches Preisschild trägt Ihr Wunsch?

8) Welches ist der erste Schritt?

9) Schließen Sie einen Vertrag mit sich selbst.

Arbeit und umfassendes Gleichgewicht

Wenn Sie scharf mitgedacht haben, haben␣Sie's bemerkt: Mit der Wünsche-werden-wahr-Methode haben wir zum ersten Mal das übergreifende Gleichgewicht zwischen allen Sektoren berührt. Wo? In Schritt sieben der Methode, in dem wir nach dem Preisschild, den Kosten Ihres Berufsbalancewunsches, fragten.

> Die Wünsche in einem der sechs Sektoren sind gleichzeitig die Kosten in allen anderen fünf Sektoren.

Andreas (s. o.) möchte endlich Bereichsleiter werden, weil das sein sehnlichster Berufswunsch ist. Also stellt er seinem Wunsch im Berufssektor die Kosten in allen anderen Sektoren gegenüber. Das macht man am besten schriftlich. Eine mögliche Schriftform ist die Preistabelle.

Die Preistabelle

Mein Wunsch: Bereichsleiter werden	
Sektor:	Die Kosten in diesem Sektor:
Soziale Kontakte	Ich werde meine Freunde noch seltener sehen.
Emotionale Bindungen	Familie: dito
Intellektuelle Entwicklung	dito
Gesundheit	einerseits mehr Zeit für Job, andererseits hervorragendes Balancing-Programm für Topmanager
Spiritualität	weiß nicht, wie sich das auswirkt

Mit dieser Tabelle fällt eine Entscheidung leichter: Ist es mein Wunsch wert oder sind die Kosten einfach zu hoch? Sind die Kosten zu hoch, kann man an beiden Seiten der Ungleichung (Kosten > Nutzen) arbeiten: Entweder man reduziert seinen Wunsch oder beeinflusst die Kosten, indem man in den anderen Sektoren zum Beispiel Ausgleichsmaßnahmen ergreift: weniger Zeit mit der Familie, dafür aber mehr sinnvolle Zeit; weniger Zeit mit Freunden, dafür aber umso intensiver...

Sie sehen daran: Ins Gleichgewicht kommt man immer irgendwie. Man muss sich lediglich etwas einfallen lassen und dann anpacken. Natürlich, das macht Arbeit. Arbeit, die mit der „eigentlichen" Arbeit nichts zu tun hat. Stimmt das? Nicht wirklich: Sie haben im Grunde zwei Jobs: Arbeiten und Balancing.

Wenn Sie Job 2 (Balancing) nicht richtig machen, können Sie bald Job 1 (Ihre eigentliche Arbeit) nicht mehr richtig machen, weil Ihr Leben aus dem Gleichgewicht geraten ist.

Den Job ausbalancieren

Wenn Sie die Wünsche-werden-wahr-Methode angewandt haben, wissen Sie, was Sie ändern wollen, um zufriedener mit Ihrer Arbeit zu sein. Sie haben dazu im Prinzip zwei Möglichkeiten (das ist Schritt 8 der Methode):

➜ Sie wählen bei Ihrer Arbeit bewusst jene Aufgaben aus, die so viel wie möglich von dem enthalten, was Sie sich von der Arbeit wünschen. Sie delegieren jene Aufgaben, die zu wenig von dem bieten, was Sie sich wünschen, oder lernen, auch mal Nein zu sagen. Das geht nie zu 100 Prozent. Man kann nie 100 Prozent der unangenehmen Aufgaben delegieren oder Nein dazu sagen. Doch wenn wir auch nur 40 Prozent delegieren oder ablehnen, sind das oft 100 Prozent mehr als zuvor. Eine ordentliche Verbesserung des Gleichgewichtszustands.
➜ Wo Sie nicht Nein sagen können, verändern Sie die Aufgabe einfach so, dass sie mehr von dem bietet, was Sie sich wünschen.

Ein Beispiel zur zweiten Möglichkeit: Eine Mitarbeiterin des betrieblichen Controlling entdeckt relativ spät in ihrer Karriere, dass sie so unzufrieden mit ihrer Arbeit (= Disbalance) ist, weil sie zu wenig persönlichen Kontakt zu Kunden hat. Keine Seltenheit in der Verwaltung eines Unternehmens. Also lässt sie sich ins Projekt-Controlling versetzen. Dort sieht sie zwar auch nie einen Kunden. Doch dort gibt es Projektleiter, die sie hin und wieder bei Kundenbesuchen begleitet. Die Projektleiter sind dankbar, wenn sie jemanden dabeihaben, der

> sich mit „den Zahlen" auskennt. Die Kunden halten das für einen super Service, weil das sonst kein Dienstleister macht. Alle sind zufrieden. Das ist übrigens ein typisches Zeichen von Balancing: Wenn Sie mit der Wünsche-werden-wahr-Methode balancen, sind danach nicht nur Sie zufriedener, sondern oft auch andere.

Das ist ein schöner Nebeneffekt. Ein schöner Nebeneffekt ist außerdem:

> Viele Menschen sagen: „Ich arbeite einfach zu viel. Ich sollte weniger arbeiten." Das ist eine Täuschung. Wer balanct, stellt schnell fest, dass er nicht weniger, sondern einfach nur anders arbeiten muss, um an den inneren Glückspunkt zu kommen.

Das heißt: Sie können Ihre Arbeit so verändern, dass sie (besser) zu Ihnen passt. Sie brauchen nicht immer eine neue Arbeit. Sie können die alte einfach so abändern, dass sie wieder passt.

Balancing-Hemmnisse

Das hört sich nun alles sehr locker und beschwingt an, nicht wahr? Wenn dir deine Arbeit nicht passt, dann strick sie einfach um! Wenn Balancing so einfach ist, warum machen es dann nicht alle längst? Weil schon Goethe sagte: „Es verdrießt die Menschen, dass das Geniale so einfach ist. Sie vergessen darüber, dass sie noch genug Probleme haben werden, es umzusetzen."

Das größte Balancing-Hindernis befindet sich zwischen Ihren beiden Ohren

Die Balancing-Techniken und -Tipps sind alle recht einfach. Ihre Umsetzung ist jedoch nicht immer leicht. Warum? Weil es allerlei Fallen und Probleme bei der Umsetzung gibt? Nein. Weil es allerhand Probleme und Fallen in unseren Köpfen gibt.

Lassen Sie uns einige der häufigsten Hindernisse aus dem Kopf werfen. Zunächst ist da die verbreitete Vorstellung: „Ich will mehr X bei meiner Arbeit, aber mein Job gibt das eben nicht her!" Zu diesem Eindruck kann man nach 20 Jahren in einem ungeliebten Job schon mal kommen. Leider trügt der Eindruck: Ein Job ist niemals das, was er ist, und immer das, was Sie daraus machen.

Das ist eine der härtesten Erkenntnisse des Berufslebens und des Balancing überhaupt: Auch wenn es nicht so scheint – wir sind unseres eigenen Glückes Schmied. Wir sind für uns selbst verantwortlich. Wir können es zwar anderen in die Schuhe schieben. Doch wir selbst haben immer noch den größten Einfluss auf unser eigenes Leben. Diese Erkenntnis werden Ihnen erfolgreiche Balancer bestätigen. Es gibt eben keinen Job ohne jeden Freiheitsgrad. Denn die Sklavenarbeit ist abgeschafft.

Es gibt Freiheiten in jedem Job. Oder wie der Bayer sagt: „A bissl was geht immer." Dieses Bissl ist nicht konstant oder fix. Es wird immer größer, je versierter Sie im Balancing werden. Schauen Sie sich mal um. Es gibt Menschen, die haben sich die widrigsten, schlimmsten, ödesten Jobs total auf ihre eigenen Bedürfnisse zurechtgebogen und leben im Gleichgewicht – während zwei Büros weiter ein Kollege fluchend über exakt derselben Arbeit sitzt. Ist daran die Arbeit schuld? Nein.

Sie können mehr verändern, als Sie ahnen. Suchen Sie Ihre Freiheitsgrade und nutzen Sie sie.

Gewiss, den Job auf die eigenen Bedürfnisse zuzuschneiden erfordert mehr Aufwand, als hinter der Herde herzutraben und wie die anderen zu blöken: „Meine Arbeit ist doof!" Die Frage ist: Was wollen Sie? Hinterhertraben oder im Gleichgewicht arbeiten?

Die Angst anzuecken

Es gibt noch einen Grund, warum viele Menschen nicht balancen: Sie fürchten anzuecken. So erging es der erwähnten Mitarbeiterin des betrieblichen Controlling (s. o.). Als sie zum ersten Mal als typische Verwaltungsangestellte raus zum Kunden wollte, tippte sich ihr Chef höchst uncharmant an die Stirn und sagte:

„Sind Sie noch ganz normal? Was wollen ausgerechnet Sie beim Kunden?"

In der Furcht stecken zu bleiben ist so ziemlich das Dümmste, was man machen kann

Genau diese unflätige Reaktion hält viele Menschen davon ab, sich das zu holen, was sie vom Beruf erwarten, und ihr Leben beruflich ins Lot zu bringen. Warum hielt diese Furcht unsere Controllerin nicht vom Balancen ab? Weil sie nicht in der Furcht stecken blieb.

Furcht ist ein Warnzeichen – sie ist kein Gefühl, in dem man sich häuslich einrichten sollte. Man sollte sich nicht in Furcht suhlen, sondern sich mit ihr auseinander setzen. Unsere Controllerin tat das. Sie setzte sich auseinander und fragte: „Was könnte denn im schlimmsten Falle passieren?" Sie kam auf die Antwort: „Mein Chef verbietet es mir." Sie entdeckte dabei: Die unspezifische Furcht war tausendmal schlimmer als die schlimmste realistische Prognose (das gilt für jede Angst). Der Chef konnte sie wegen ihres Wunsches nicht feuern, nicht einmal abmahnen. Also war alles gar nicht so schlimm und zumindest einen Versuch wert.

Wenn Sie sich vorher geistig auf die negativen Folgen eines Balancing-Versuchs einstellen, ist alles nur noch halb so schlimm.

Außerdem werden Sie überrascht sein: Meist tritt der Worst Case gar nicht ein – oder Sie werden mit links damit fertig. Eben weil Sie gut vorbereitet sind.

Die Angst draußen zu stehen

Viele trauen sich nicht, wie Horst Schlegel (s. o.) zu ihrem Chef zu sagen: „Ich werde künftig an vier Tagen pro Woche im Büro sein. Den fünften arbeite ich zu Hause." Sie trauen sich nicht, ihren Balancing-Wunsch vorzubringen oder zu realisieren. Warum? Weil sie Angst haben, die Kollegen und Vorgesetzten zeigen mit dem Finger auf sie und sagen: „Was bildet der sich eigentlich ein? Will wohl 'ne Extrawurst!"

Man hat eben Angst, sich außerhalb der Herde zu stellen. Auch Horst Schlegel hatte diese Angst. Wie hat er sie überwunden? „Ich habe mich einfach gefragt: Was ist dir wichtiger? Dein Leben so zu gestalten, dass es dich und die Familie, oder so, dass es deine Kollegen glücklich macht?" Die Antwort darauf war einfach. Sie ist übrigens immer einfach:

Der Herdentrieb hält uns davon ab, auch an uns selbst zu denken

> Wenn Ihr Balancewunsch es Ihnen wirklich wert ist, dann stört Sie die Reaktion der Kollegen auch nicht. Und wenn es der Wunsch nicht wirklich wert ist, können Sie ihn ohne Gewissensbisse aufgeben und durch einen besseren ersetzen.

Hinzu kommt: Wenn es Ihnen Ihr Wunsch wirklich wert ist, legt sich der Widerstand der Kollegen sehr schnell. Natürlich mosern sie noch die ersten Wochen und blicken voll Neid auf Sie. Doch wenn Sie sich nicht abschotten und die Situation nicht eskaliert, wandelt sich der Neid in Respekt. Horst Schlegel ließ die Kollegen die ersten Tage einfach reden, lächelte geduldig dazu. Nach einigen Wochen kamen die ersten und fragten: „Wie hast du das denn gemacht?" Inzwischen balancen viele Kolleginnen und Kollegen in seiner Abteilung. Horst Schlegel war der Vorreiter. Dafür sind ihm einige Kollegen heute noch dankbar.

Berufsbalancing ist Verhandlungssache

Ulrike ist Regionalleiterin im Außendienst. Seit ihre kleine Tochter da ist, möchte sie weniger arbeiten. Ihr Verkaufsleiter sagt: „Kommt nicht in Frage! Jetzt, wo wir die neue Produktpalette auf den Markt bringen!" Die meisten Menschen würden an Ulrikes Stelle sagen: „Wusste ich's doch! Balancing

> funktioniert nicht. Nicht mit meinem Chef." Das ist ein Irrtum. Geht nicht gibt's nicht beim Balancing.
> Das Zauberwort bei Balancing heißt: verhandeln. Ulrike sagt sich: „Okay, mein erster Vorschlag wurde abgeschmettert. Mache ich halt einen zweiten." Sie schlägt dem Chef vor, ein Home Office einzurichten und die Administration zu Hause zu erledigen. Der Chef lehnt ab: „Kein Geld." Darauf hat Ulrike gesetzt: „Wenn es nur am Geld liegt, dann übernehme ich die Kosten." Der Chef windet sich wie ein Aal, doch nach drei Monaten, in denen Ulrike ihn bei jedem einzelnen wöchentlichen Jour fixe darauf anspricht, gibt er nach. Warum? Weil Ulrike ihn „weichgekocht" hat.

Je besser Sie verhandeln (können), desto eher kommen Sie in Balance

Das Problem ist: Die meisten Menschen können nicht gut verhandeln. Zumindest nicht in eigener Sache. Warum nicht? Weil Verhandeln Trainingssache ist. Wer seine Muttersprache sprechen kann, kann deshalb noch lange nicht verhandeln. Dasselbe gilt für jede Fremdsprache: Man muss sie erst lernen. Verhandeln ist quasi eine Fremdsprache. Deshalb gibt es auch Kurse und Trainings dafür. Besuchen Sie welche, wenn Sie stärker verhandeln können wollen. Oder lesen Sie zumindest ein gutes Buch.

> Ihr Chef wird Ihnen vielleicht zwei von zehn Wünschen erfüllen. Wenn Sie dagegen verhandeln können, werden Sie in acht von zehn Verhandlungen von Ihrem Chef bekommen, was Sie wollen.

Wünsche sind das falsche Instrument, wenn Sie etwas vom Chef wollen. Verhandlungen sind das bessere Instrument.

Karriereschaden

Viele balancen deshalb nicht, weil sie negative Konsequenzen für ihre Karriere fürchten: „Wenn ich meinem Chef damit komme, kann ich meine Karriere hier gleich aufgeben." Da ist was dran. Wer zwei Jahre Babypause nimmt, kann nicht damit rechnen, nach seiner Rückkehr den Abteilungsleiterposten zu bekommen, auf den er spekuliert.

Dieses Problem stellt sich nur Leuten, die nicht balancen: „Ich kann mir keine Extrawürste leisten, ich muss an meine Karriere denken!" So sprechen eben nicht Leute, die balancen. So sprechen Leute, die zwar etwas von Balancing gehört haben, aber nicht wissen, wie es funktioniert, und deshalb auch nicht die Motiv-Checkliste ausgefüllt haben. Wer diese Liste ausgefüllt hat, weiß nämlich ganz genau, warum er arbeitet. Er weiß, was ihm wirklich wichtig ist bei der Arbeit. Entweder die Karriere oder die „Extrawurst". In beiden Fällen gibt es kein Problem. Entweder ich finde bei meiner Motivforschung heraus, dass mir die Extrawurst wichtiger ist – dann ist mir der Karrierenachteil total egal, eben weil es Wichtigeres gibt. Oder ich finde heraus, dass mir die Karriere wichtiger ist – dann will ich die Extrawurst nicht.

> Aus diesem Grund ist die Motivforschung so eminent wichtig: Wenn Sie nicht wissen, was Sie wirklich wollen, kommen Sie nie ins Gleichgewicht. Wenn Sie dagegen wissen, was Ihnen wichtig ist, kommen Sie fast automatisch in Balance.

Die erste Verunsicherung

Viele Menschen haben Hemmungen, ihr Leben ins Gleichgewicht zu bringen, weil Balancing verunsichert: Alle anderen machen Hektik und Karriere und ich mache Balancing! Ich bin der Einzige in meiner Abteilung, der an seine Familie und seine Gesundheit denkt und auch dafür etwas tut – was stimmt nicht mit mir?

Überwinden Sie die erste Verunsicherung – es zahlt sich aus

Prüfen Sie immer wieder nach, was Ihnen wirklich wichtig ist im Leben. Checken Sie ständig Ihre Prioritätenliste. Wenn es Ihnen wirklich wichtig ist, werden Sie es auch tun. Je länger Sie dabei bleiben, desto schneller verschwindet die Verunsicherung. Denn Sie werden schnell spüren, wie gut Ihnen Balancing tut. Das überzeugt am besten.

Statusverlust

Stellen Sie sich vor, Sie erkennen bei Ihrer Motivforschung ganz klar, dass Ihnen nicht die Karriere das Wichtigste im Beruf ist, sondern zum Beispiel Zeit für die Familie oder gute Arbeit zu leisten. Dann bietet man Ihnen einen Topjob im Management an. Sie lehnen ab, weil Sie dann kaum mehr Zeit für die Familie oder für die „richtige, ehrliche" Arbeit hätten. Was passiert? Sie erleiden einen Statusverlust. Je kleiner Ihr Unternehmen, desto heftiger wird dieser Verlust sein. Es wird für einige Zeit in der Firma heißen: „Das ist doch der, der den Managementjob abgelehnt hat!"

Krasses Beispiel für Statusverlust: Viele Männer erkennen heutzutage, dass ihnen die Familie das Wichtigste ist, und werden Hausmann. In der eigenen Verwandtschaft, in der eigenen Gemeinde zeigt man mit dem Finger auf sie: „Bei dem bringt die Frau das Geld nach Hause!"

Statusverlust

Sie können Ihr Leben nicht von heute auf morgen auf Gleichgewicht schalten. Balancing ist immer ein Übergang. Und Übergänge sind immer schmerzhaft. Manchmal sind sie ein bisschen schmerzhaft, manchmal sehr. Selbst wenn Ihr Leben derzeit total aus dem Lot ist, wird Ihnen der Abschied davon schwer fallen.

Balancing ist kein Lichtschalter: ein, aus

> Frank sagt: „Ich hatte vor drei Wochen den dritten Herzanfall, meine Partnerin hat sich letzte Woche von mir getrennt und nächste Woche scheide ich endlich aus dem Vorstand aus und gehe in den Aufsichtsrat – es klingt total bescheuert, aber obwohl er mich fast umgebracht und mein Privatleben ruiniert hat, vermisse ich den Vorstandsjob schon jetzt."

Das ist nicht verrückt, das ist normal. Übergänge sind selten lustig – aber das Ergebnis eines Übergangs ist immer lohnend, lustig und Kraft spendend (schließlich entspricht er Ihren Prioritäten). Ihr altes Leben war nicht durch und durch schlecht. Es gab auch viele schöne Momente. Würdigen Sie diese. Dann fällt Ihnen der Abschied leichter. Viele Leute meinen: Wenn sie ihr altes Leben verdammen, kommen sie leichter davon los. Das ist ein verbreiteter Irrtum. Das Gegenteil ist der Fall. Je heftiger Sie Ihr altes Leben verdammen, desto weniger werden Sie davon loskommen.
Trauern Sie ruhig dem nach, was Sie aufgeben. Wenn Sie für die Familie den lang ersehnten Abteilungsleiterposten ausschlagen, dann trauern Sie dem Posten nach – vielleicht nicht unbedingt vor Ihrer Familie. Die wird das möglicherweise nicht verstehen, weil sie einen anderen Glückspunkt hat. Daran merken Sie auch: Wer balanct, kann nicht alles haben – nur das, was ihm gut tut.
Dies entspricht nicht unserer Ich-will-alles-Gesellschaft. Auch deshalb ist die Ich-will-alles-Gesellschaft derzeit so aus dem Gleichgewicht: Wer alles und das sofort will, meint zwar, damit glücklicher und zufriedener zu werden, entfernt sich aber rasend schnell vom inneren Glückspunkt.
Manchmal fällt einem der Abschied vom alten Leben auch ganz leicht. Dann freuen Sie sich, dass der Übergang so schnell und einfach ist.

Zum Balancing gehört auch, dass Sie Abschied nehmen von Ihrem alten Leben

Umgehen mit Rückfällen

Wenn Sie wissen, was wirklich wichtig ist für Sie im Beruf, und sich mit einigem Einsatz zum Berufsgleichgewicht vorgearbeitet haben und zu Recht stolz darauf sind, werden Sie bald schon etwas ganz Dummes tun: Obwohl Sie wissen, dass X ganz wichtig für Sie ist, werden Sie eine Aufgabe, ein Projekt, einen Auftrag annehmen, bei dem Sie null X bekommen werden. Sie werden sich darüber ärgern: „Ich sollte es eigentlich besser wissen!"

Misserfolg ist eine Chance

Machen Sie sich keine Vorwürfe. Keine Regel sollte zum Gesetz werden. Wer nämlich sklavisch hinter eisernen Regeln herrennt, wird nie ins Gleichgewicht kommen. Solange Sie Ihren Ausrutscher bemerken und mit viel Verständnis für sich selbst korrigieren, also wieder auf den rechten Weg zurückkommen, ist alles in Ordnung. Rückfälle gehören dazu. Je verständnisvoller Sie sie behandeln, desto weniger werden sie vorkommen. Sie werden jedoch immer mal wieder vorkommen. Wir sind alle nur Menschen. Behandeln Sie sich menschlich. Oder wie Henry Ford sagte: „Misserfolg ist eine Chance, es beim nächsten Mal besser zu machen." Balance ist kein Zustand, deshalb heißt es auch Balancing: Es ist ein Prozess. Dieser Prozess sollte nicht wegen überzogener Perfektionsansprüche zum Stress werden. Denn Stress verursacht Disbalancen.

Mut zum eigenen Leben

Vom alten Leben Abschied nehmen und die verwunderten Blicke seiner Umgebung auf sich ziehen, wenn man sein Leben ins Gleichgewicht bringt, erfordert Mut. Haben Sie Mut zum eigenen Leben.

Trauen Sie sich, glücklich zu sein!

Das ist keine Selbstverständlichkeit. Disbalancen und Unzufriedenheit erfordern keinen Mut, sondern lediglich braves Hinterhertraben. Für ein glückliches Leben braucht man erst mal Mut. Man braucht jedoch nicht mehr Mut, als jeder Mensch ohnehin schon hat.

> Nicht die Gesellschaft, nicht Ihr Arbeitgeber, nicht die Freunde, die Familie, die Eltern, Kinder oder der Partner werden es für Sie tun. Sie müssen Ihr Leben schon selbst ins Gleichgewicht bringen.

Sie sind der einzige Mensch, der Sie dauerhaft und mit Sicherheit glücklich machen kann. Es ist schön, wenn Sie eine Familie haben, die Sie glücklich macht. Doch wenn sie es nicht tut, dann schieben Sie es nicht auf die Familie, die Gesellschaft, den Arbeitgeber...
Es erfordert Mut, ein glückliches Leben zu führen. Doch es wird reichlich belohnt.

Stehen Sie dazu

„Wie geht's dir?" „Richtig gut!" „Wieso? Hast du im Lotto gewonnen?"
Dass es in unserer Gesellschaft jemandem richtig gut geht und er das auch noch offen zugibt, ist ungewöhnlich, ja geradezu unanständig. Viele Menschen kommen damit nicht zurecht. In Unternehmen kursiert deshalb oft die Einstellung: „Gib bloß nicht zu, dass es dir gut geht – wer weiß, was sie dann mit dir machen!" Eine gute Einstellung? Nicht unbedingt. Denn glücklich zu sein und es nicht zu zeigen ist eine Art der gesellschaftlich verlangten Schizophrenie, die zwar gesellschaftlich erfolgreich ist, aber bei der die Psyche Schaden nimmt. Gesellschaftlich erwünschte Schizophrenie ist ein Disbalance-Faktor.
Sie müssen Ihr Glücklichsein den anderen ja nicht so unter die

Wenn Sie glücklich sind, stehen Sie dazu

Nase reiben, dass Sie deren Neid schüren. Aber ehrlich sollten Sie bleiben. Sie werden zwar erstaunte Blicke ernten, doch wenn Sie zufrieden oder glücklich sind, macht Ihnen das nichts. Sie werden darüber hinaus bemerken: Glück und Zufriedenheit sind ansteckend. Nach der ersten Verwunderung werden sich andere für Sie interessieren und wissen wollen, wie Sie's geschafft haben. Reden Sie darüber. So wächst das Glück. Glück ist eine der wenigen Ressourcen, die wachsen, wenn man sie weitergibt.

Was es bringt

Falls Sie es nicht schon bemerkt haben: Wenn Sie Ihren Beruf ausbalancieren, werden Sie sehr viel zufriedener mit Ihrer Arbeit sein. Sie kommen weniger gefrustet nach Hause und gehen dem Partner oder der Familie nicht mehr so auf die Nerven. Damit kommen Sie automatisch dem Gleichgewicht in den Sektoren zwei und drei (soziale Kontakte und Familie) ein Stückchen näher. Das ist eine normale Begleiterscheinung: Das Gleichgewicht in einem Sektor beeinflusst alle anderen Gleichgewichte.

Dasselbe gilt übrigens umgekehrt auch: Wenn zum Beispiel Ihre Spiritualität oder Ihre Gesundheit völlig aus dem Gleichgewicht sind, dann werden Sie auch kaum bei der Arbeit Zufriedenheit finden. Im Fachjargon heißt das: Die Sektorengleichgewichte sind interdependent, das heißt voneinander abhängig.

Wenn Sie Ihre Arbeit ausbalanciert haben, wird sie Ihnen alles geben, was Ihnen wirklich wichtig im Beruf ist. Sie wird Ihnen das geben, was Sie von Ihrer Arbeit erwarten. Den meisten Menschen fällt dabei eine Last vom Herzen, die sie jahrelang mit sich herumgeschleppt haben. Die Arbeit macht plötzlich wieder Spaß! Sie ist erfüllend und schön! Das ganze Leben sieht schon viel rosiger aus.

Viele Menschen erleben dabei auch eine Überraschung: Viele Jahre haben sie versucht, durch immer neue Jobs, Projekte, Aufgaben und durch Überstunden das von der Arbeit zu bekommen, was sie insgeheim von ihr erwarten. Jetzt entdecken sie: Man muss nicht mehr arbeiten oder den Job wechseln. Man muss lediglich anders arbeiten, um glücklich und zufrieden zu sein.

> **Auf einen Blick: So bringen Sie die Arbeit ins Lot**
> ❑ Nutzen Sie die in Ihrer Firma vorhandenen Work-Life-Programme.
> ❑ Bringen Sie Ihre darüber hinausgehenden Wünsche mutig vor.
> ❑ Sie brauchen nicht aus der Arbeit zu flüchten. („Ich sollte weniger arbeiten!") Arbeiten Sie nicht weniger, sondern anders, damit Sie bekommen, was Ihnen wirklich wichtig ist im Leben.
> ❑ Finden Sie heraus, was Ihnen am wichtigsten bei der Arbeit ist (Arbeitsmotive).
> ❑ Priorisieren Sie diese Motive.
> ❑ Suchen und nutzen Sie Freiräume, um Ihre Arbeit Ihren Motiven anzupassen.
> ❑ Dabei unterstützt Sie die Wünsche-werden-wahr-Methode.
> ❑ Erwarten Sie nicht, dass andere Menschen Ihre Wünsche erfüllen. Erwarten Sie nicht, verhandeln Sie.
> ❑ Trainieren Sie Ihre Verhandlungskompetenz.
> ❑ Horchen Sie in sich hinein: Welche Befürchtungen halten Sie davon ab, Ihre Arbeit so einzurichten, dass sie bestmöglich dem entspricht, was Ihnen am wichtigsten ist?
> ❑ Beseitigen Sie diese inneren Hemmnisse eines nach dem anderen.
> ❑ Haben Sie Mut zum eigenen Leben!

3 Die sozialen Kontakte: Welche und wie viele brauchen Sie?

Der Deprivationstest: Kommen Sie ganz ohne aus?

Stellen Sie sich vor, Sie hätten keine Freunde, keine Bekannten, wären in keinem Verein Mitglied, hätten kein Ehrenamt, keinen Stammtisch, würden auf keine Party gehen, hätten keine gemeinsamen Aktivitäten am Feierabend mit Kollegen, keine Verwandten und kein Haustier. Nach der Arbeit gibt es niemanden, mit dem Sie sich treffen, mit dem Sie sich austauschen, mal ein Bier oder ein Glas Wein trinken, ins Kino oder ins Konzert gehen, Sport treiben können. Wie lange würden Sie das aushalten? Wie lange würden Sie es aushalten, wenn Sie jeglicher sozialer Kontakte beraubt (depriviert, daher heißt der Test so) würden? Wie lange würden Sie es aushalten *und sich wohl dabei fühlen*?

❏ ein Jahr
❏ ein halbes Jahr
❏ ein Quartal
❏ einen Monat
❏ eine Woche
❏ eine halbe Woche
❏ einen Tag
❏ nicht mal einen Tag

Was haben Sie angekreuzt?

Manche Menschen halten es einen Monat aus und fühlen sich wohl dabei, andere halten es keinen einzigen Tag lang aus, aller sozialen Kontakte beraubt zu sein. Die meisten Menschen können diesbezüglich ihren Balancepunkt sehr genau bestimmen. Sie wissen intuitiv oder aus Erfahrung, wie lange sie es „ganz ohne" aushalten könnten. Nach Überschreiten dieses Punktes würden sie sich nicht mehr wohl fühlen. Es fehlt ihnen danach einfach etwas am Leben.

Jeder Mensch hat einen anderen Balancepunkt

Der Mensch lebt nicht vom Brot allein

Der Mensch braucht ausreichend soziale Kontakte, damit es ihm gut geht. Beraubt man ihn dieser Kontakte, wird er krank und stirbt letztendlich genauso sicher daran, als wenn man ihm die Nahrung genommen hätte. Es gibt zu diesem Phänomen Tier- und leider auch Menschenversuche, bei denen man Babys bei bester Nahrung, aber ohne jeden Sozialkontakt aufwachsen ließ – sie starben alle binnen weniger Monate, nachdem sie typische Krankheiten entwickelt hatten. Als Erstes geht ohne sozialen Kontakt zum Beispiel das Immunsystem kaputt.

Wie schlimm soziale Deprivation ist und wie gut wir das wissen, zeigt auch, dass eine der grausamsten Foltermethoden die Einzelhaft ist. Ganz ohne Kontakt zu anderen werden Menschen nach einer bestimmten Zeit schlicht verrückt – weil der menschliche Geist nicht dafür konstruiert wurde, ohne jeden sozialen Kontakt funktionsfähig, ja überlebensfähig zu bleiben.

Warum haben soziale Kontakte eine so große Wirkung auf unsere Gesundheit und unser Wohlbefinden? Weil sie uns geben, was wir nirgendwo sonst bekommen:

➔ Ausgleich zur Arbeit
➔ Umgang mit „normalen" Menschen (also keine Kollegen, Chefs, Kunden ...)

- → die Möglichkeit, sich auszusprechen – ohne den Blick über die Schulter: Hört mir gerade der Chef, ein Kollege, Kunde, Mitarbeiter zu?
- → Kommunikation ohne Angst vor Konsequenzen – im Beruf wird dagegen vieles, was wir sagen, auf die Goldwaage gelegt
- → Spaß, Freude, Erlebnisse – alle drei halten sich bei der Arbeit in Grenzen
- → die Möglichkeit, ehrliches Feedback zu bekommen
- → eine andere Art der Bestätigung als bei der Arbeit
- → gemeinsame Aktivitäten
- → Andocken ans Leben anderer Menschen
- → ganz andere Sichtweisen als im Beruf kennen lernen
- → Möglichkeit der menschlichen Nähe
- → soziale Kontakte sind freiwillig (im Beruf sind viele Kontakte es nicht)
- → Möglichkeit zum Geben und Nehmen ohne Hintergedanken (im Beruf steckt oft ein Zweck dahinter)
- → Anerkennung um seiner selbst willen, nicht aufgrund von Leistung und Status
- → Möglichkeit, gebraucht zu werden
- → Freunde sind auch mal da, wenn's einem nicht so gut geht
- → gemeinsames Erleben (Kino, Konzert, Kneipe, Sport…)

Was bringen Ihnen darüber hinaus soziale Kontakte? Wie wichtig soziale Kontakte sind, wissen wir im Grunde alle. Wir haben nur ein Problem dabei: Wir arbeiten zu viel.

Es schmerzt eben doch

In unserer modernen Arbeitswelt leiden die Sozialkontakte erheblich. Viele unserer Coaching-Teilnehmer klagen:

- „Meine alten Freunde sagen mir immer öfter: Dich brauchen wir ja nicht mehr anzurufen, wenn wir etwas unternehmen – du kannst doch sowieso nie."
- „Wenn der Stress bei der Arbeit mal wieder überhand nimmt, sind die privaten Termine meist die ersten, die gestrichen oder verschoben werden."
- „Man kann Freunde nicht endlos vertrösten, wenn wieder mal etwas dazwischenkommt. Irgendwann schläft selbst die beste Freundschaft ein."

Es ginge noch an, wenn uns das alles nichts oder wenig ausmachen würde. Wenn wir diesen Preis der Arbeit schulterzuckend bezahlen könnten. Aber genau das können wir nicht. Denn an diesem Punkt ist das moderne Leben aus der Balance geraten. Unsere Seminarteilnehmer sagen es deutlich:

- „Es fehlt etwas, wenn ich mein Leben nicht mit guten Freunden teilen kann."
- „Ich habe das Gefühl, das Leben wird ärmer."
- „Was nützt mir der Erfolg im Beruf, wenn ich keinem davon erzählen kann?"
- „In meiner alten Clique fühle ich mich inzwischen außen vor."

Das tut weh. Nicht, wenn es gerade hoch hergeht bei der Arbeit, wenn Hektik und Stress regieren. Doch wenn es wieder ruhiger wird, wenn man Zeit für Freunde hätte, stellen viele plötzlich fest: „Ich bin raus!" Die Kontakte sind eingeschlafen. Es ist im Grunde nichts mehr da im Leben – außer Arbeit und Familie.

Warum lassen wir es so weit kommen?

Warum bemerken wir erst, dass uns die Freunde fehlen, wenn wir sie brauchen? Weil wir uns normalerweise darüber keine Gedanken machen – schließlich haben wir so viel zu tun! Wenn überhaupt, dann haben wir nur ganz latent ein ungutes Gefühl: „Ich hab schon lang nichts mehr von mir hören lassen." Wenn wir dann die Freunde eines Tages brauchen, um einen Erfolg im Beruf zu feiern, um uns über die Arbeit auszujammern oder einfach mal wieder etwas gemeinsam zu unternehmen, haben wir größte Probleme, wieder in den alten Freundeskreis hineinzukommen.

> Soziale Kontakte sind wie Autos: Wenn wir sie nicht warten und pflegen, springen sie irgendwann nicht mehr an.

Oder um eine organische Metapher zu wählen: Soziale Kontakte sind wie Pflanzen. Werden sie nicht gepflegt, verkümmern sie.
Stellen Sie sich vor, Sie erringen einen tollen Erfolg im Beruf – und keinen interessiert's!
Das heißt: keinen außerhalb der Arbeit und der Familie. Ganz schön fad, nicht? Leider bemerken wir das oft erst, wenn es zu spät ist. Ist es bei Ihnen schon zu spät? Finden wir es heraus.

Disbalance-Analyse: Haben Sie noch ausreichend sozialen Kontakt?

> Sie arbeiten viel, haben kaum Zeit für etwas anderes – gibt es dieses Andere überhaupt noch? Sind die alten Freunde noch da oder wenigstens neue Freunde? Kreuzen Sie an:

Disbalance-Analyse: Haben Sie noch ausreichend sozialen Kontakt?

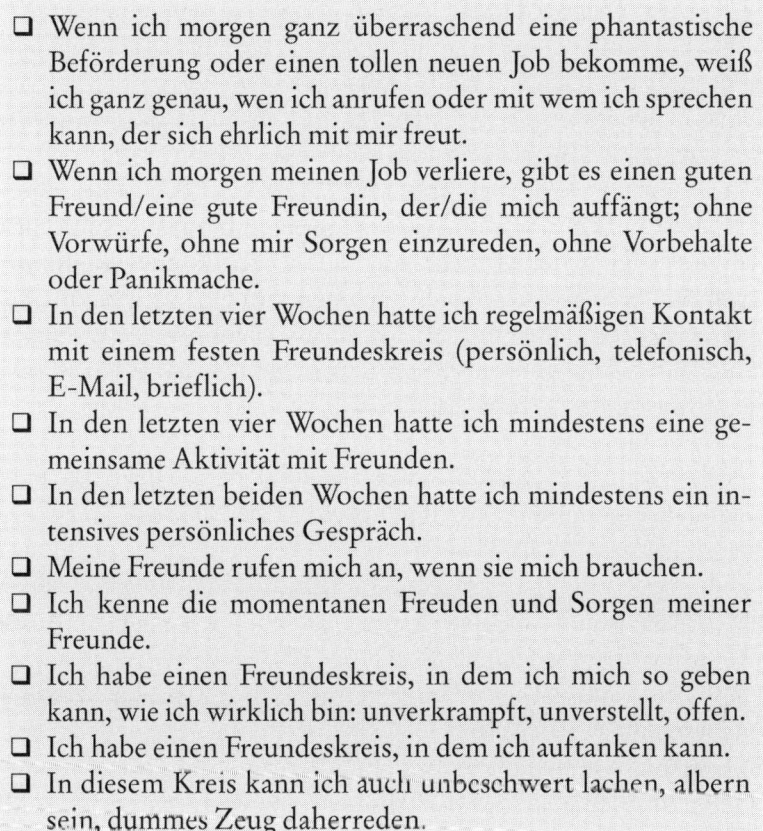

- ❏ Wenn ich morgen ganz überraschend eine phantastische Beförderung oder einen tollen neuen Job bekomme, weiß ich ganz genau, wen ich anrufen oder mit wem ich sprechen kann, der sich ehrlich mit mir freut.
- ❏ Wenn ich morgen meinen Job verliere, gibt es einen guten Freund/eine gute Freundin, der/die mich auffängt; ohne Vorwürfe, ohne mir Sorgen einzureden, ohne Vorbehalte oder Panikmache.
- ❏ In den letzten vier Wochen hatte ich regelmäßigen Kontakt mit einem festen Freundeskreis (persönlich, telefonisch, E-Mail, brieflich).
- ❏ In den letzten vier Wochen hatte ich mindestens eine gemeinsame Aktivität mit Freunden.
- ❏ In den letzten beiden Wochen hatte ich mindestens ein intensives persönliches Gespräch.
- ❏ Meine Freunde rufen mich an, wenn sie mich brauchen.
- ❏ Ich kenne die momentanen Freuden und Sorgen meiner Freunde.
- ❏ Ich habe einen Freundeskreis, in dem ich mich so geben kann, wie ich wirklich bin: unverkrampft, unverstellt, offen.
- ❏ Ich habe einen Freundeskreis, in dem ich auftanken kann.
- ❏ In diesem Kreis kann ich auch unbeschwert lachen, albern sein, dummes Zeug daherreden.

Wie oft haben Sie angekreuzt?

Acht bis zehn Kreuze: Herzlichen Glückwunsch. Im Bereich Sozialkontakte sind Sie bestens versorgt. Sie sind in diesem Bereich im Gleichgewicht. Wenn Sie sich auch so fühlen, können Sie ruhig ins nächste Kapitel springen. Wenn Sie gern an Ihrem Gleichgewicht in diesem Bereich arbeiten möchten, dann lesen Sie weiter.
Fünf bis sieben Kreuze: Es besteht ein begründeter Verdacht auf eine Disbalance im Bereich der sozialen Kontakte. Denken Sie

nach: Haben Sie wirklich genügend soziale Kontakte? Sind es die richtigen, um das zu bekommen, was Sie sich aus sozialen Kontakten erwarten? Ist auch in Zukunft jemand für Sie da, wenn Sie mal jemanden brauchen? Welches Gefühl haben Sie, wenn Sie mit den bestehenden sozialen Kontakten an die Zukunft denken?
Wenn Sie ein gutes Gefühl dabei haben, dann ist alles okay. Dann erreichen Sie Ihr Gleichgewicht in diesem Bereich eben schon mit einem relativ kleinen, nicht ganz so engen und festen Freundeskreis. Es gibt eine Menge Menschen, die zu einem glücklichen, erfüllten Leben nur ganz wenige soziale Kontakte benötigen. Das ist okay, wenn es okay für Sie ist – und wenn Ihre Freunde Sie nicht vergessen, wenn Sie sich längere Zeit nicht melden.
Fred und Gerd zum Beispiel sind „die besten Freunde" – dabei sprechen sie sich höchstens, zwei-, dreimal im Jahr, und das auch noch meist telefonisch. Doch da jeder ein gutes Gefühl dabei hat und spürt, dass er auf diese Freundschaft bauen kann, ist hier alles im grünen Bereich. Fred und Gerd sind Menschen, die schon mit relativ wenig sozialen Kontakten im Gleichgewicht sind. Wann sind Sie es?
Vier Kreuze und weniger: Hier besteht ein dringender Verdacht auf Disbalance. In der Regel funktioniert ein so geringes Niveau an sozialen Kontakten nicht. Denn niemand kann mit so wenigen privaten Kontakten auskommen. Wir können zwar ganz ohne soziale Kontakte existieren und einige Jahre funktionieren – doch langfristig endet eine jahrelange Disbalance in Burn-out-Symptomen oder Unzufriedenheit mit dem eigenen Leben.
Das wissen wir im Grunde längst. Wir wissen, dass das Leben ganz ohne Freunde, Bekannte, Vereine und Versammlungen etwas fad ist. Doch irgendwie schaffen wir es nicht, an diesem Zustand etwas zu ändern. Warum nicht? Betrachten wir in den folgenden Abschnitten die häufigsten Hinderungsgründe.

Hindernisse für das soziale Gleichgewicht

Der Entweder-oder-Irrtum

Viele Menschen glauben, dass Erfolg im Beruf und ein intakter Freundeskreis sich gegenseitig ausschließen. Dass man entweder Erfolg im Beruf oder ein erfülltes soziales Leben haben kann. Dass die soziale Verarmung eben der Preis unserer modernen Leistungsgesellschaft ist. Dass man nicht beides unter einen Hut bringen kann. Dass man nicht zehn Stunden täglich arbeiten, sich daneben um Beziehung, um die Familie kümmern und noch einen intakten Freundeskreis haben kann. Die Wahl lautet: Karriere oder Freunde.

Diese Wahl stellt sich nicht. Im Leben gibt es extrem selten ein Entweder-oder. Die wenigsten Dinge sind in der Realität schwarz-weiß. Es ist doch gerade eines der verblüffendsten Phänomene unseres Universums, dass es geradezu vollgestopft ist mit Sowohl-als-auch.

Man kann sehr wohl zehn Stunden arbeiten und Karriere machen und daneben noch einen Freundeskreis pflegen. Es ist gerade ein Zeichen guter Freundschaft, dass sie das aushält, dass sie selbst in härtesten Zeiten überlebt.

> Freundschaft ist eine zähe Pflanze, ein Kaktus. Sie braucht nicht viel Pflege. Hauptsache, diese Pflege ist regelmäßig, zuverlässig und zu beiderseitiger Zufriedenheit.

Nehmen Sie Abschied von der künstlichen Trennung „entweder Beruf oder Freundeskreis" und denken Sie sowohl – als auch.

Kein unbegrenztes Verständnis

Mancher glaubt, dass die Freunde unbegrenztes Verständnis für die eigene berufliche und familiäre Situation aufbringen sollten oder müssten. Nach dem Motto: „Ich pflege sie nicht – doch sie sollen trotzdem meine Freunde bleiben." Mancher glaubt, dass, selbst wenn er jahrelang nichts von sich hören lässt und dann unverhofft anruft, alle gleich in Begeisterung ausbrechen müssten. Das ist eine naive Erwartung. Was würden Sie von einem Freund halten, der sich monate- oder jahrelang nicht meldet? Der nicht mal zehn Minuten im Monat Zeit hat, um sich telefonisch zu melden? Der nicht einmal zwei Minuten erübrigt, um eine Mail zu tippen? Dieser Freund ist kein echter Freund.

Beim Balancing bringen die kleinen Dinge die großen Verbesserungen

Wägen Sie ab: Wenn Sie noch nicht einmal die Zeit für eine Mail erübrigen können, dann ist Ihnen diese Freundschaft offensichtlich nicht viel wert. Dann können Sie sie getrost vergessen. Wenn Sie jedoch beim Gedanken daran Unbehagen verspüren, weist Sie dieses Unbehagen auf eine Balancestörung hin. Nehmen Sie sich lieber die paar Minuten für eine Mail, eine Postkarte oder einen Anruf, damit das Gleichgewicht an dieser Stelle wieder ins Lot kommt. Sie sehen daran: Sie müssen nicht großartig Ihr Leben umkrempeln, um in Balance zu kommen. Großaktionen sind nicht wirklich nötig. Viel wirkungsvoller sind die kleinen Aktivitäten.

Wie Sie bereits an dieser Stelle sehen können: Es ist nicht so sehr die Arbeit, die unseren sozialen Bereich in Disbalance bringt. Es sind die Irrtümer, die unser Denken beherrschen.

Nicht die Arbeit stört unsere sozialen Kontakte, sondern unsere falschen Vorstellungen von Freundschaft.

Gute Freundschaften halten nicht ewig

Einige glauben, dass eine gute Freundschaft ewig halten müsse. Das ist ein Irrtum. Eine gute Freundschaft ist zwar zäh und langlebig wie ein Kaktus. Doch selbst ein Kaktus braucht einmal im Jahr Regen. Das bedeutet: Arbeit, Aufwand. Freundschaften sind kein Geschenk, keine Selbstverständlichkeit, sondern eine Aufgabe. Für manchen ist dieser Gedanke gewöhnungsbedürftig. Gewöhnen Sie sich schnell daran.
Wenn Sie sich diese Arbeit mit bestimmten Freundschaften nicht machen möchten, dann lassen Sie diese Freundschaften ganz bewusst einschlafen. Die bewusste, sanfte Beendigung ist etwas ganz anderes, als die Freundschaft unbemerkt einschlafen zu lassen. Eine Freundschaft einfach einschlafen zu lassen stört Ihre Balance in der Regel, weil Sie die Freundschaft eigentlich nicht missen möchten. Eine Freundschaft bewusst einschlafen zu lassen stärkt Ihre Balance dagegen, weil die Freundschaft bislang offensichtlich Mühe und Zeit gekostet hat und Sie zu wenig zurückbekommen haben.

Der Ganz-oder-gar-nicht-Irrtum

Viele Menschen denken: „Ich möchte meine Freundschaften nicht so nebenher pflegen. Solange ich beruflich so viel um die Ohren habe und nicht die Zeit aufbringen kann, die ich für meine Freunde brauche, lasse ich es lieber." Eine verständliche Sichtweise. Leider ist sie nicht Ausdruck dessen, was eine Freundschaft tatsächlich braucht, sondern lediglich Ausdruck eines übersteigerten Perfektionismus.
Dieser Perfektionismus kommt teuer: Wer mangels Zeit seine Kontakte überhaupt nicht pflegt, hat relativ schnell nichts mehr, das er pflegen könnte, wenn wieder mehr Zeit zur Verfügung ist. Soziale Kontakte brauchen viel weniger Pflege, als Perfektionisten annehmen.
Soziale Kontakte verlangen keinen Perfektionismus. Sie verlan-

Ein bisschen regelmäßige Pflege ist besser als gar keine Pflege

gen Pflege. Wenn Sie keine Zeit haben, für Freunde zu kochen, dann gehen Sie wenigstens mal wieder mit ihnen essen.

Der Jetzt-erst-mal-Karriere-Irrtum

„Jetzt muss ich erst einmal an den Beruf denken – der Rest kommt dann später." So denken viele, vor allem junge Menschen. Dann ist man beruflich etabliert, hat ein Haus gebaut, zwei Kinder – die alten Freunde sind entschwunden und für neue Freunde fühlt man sich irgendwie zu alt. In dieser Situation hat man dann nur noch Beruf und Familie – und das treibt nicht wenige mit den Jahren in den Lebensfrust. Beruf und Familie sind zwar schön und gut. Doch wer sich nur noch entweder am Arbeitsplatz oder in der Familie aufhält, entwickelt schnell eine galoppierende Unzufriedenheit. Die meisten wissen dann noch nicht einmal, warum sie unzufrieden sind. Sie merken nur: Es fehlt etwas. Nämlich die sozialen Kontakte, die guten Freunde.

„Erst der Beruf, dann der ganze Rest." Diese Rechnung geht nicht auf.

Der Tunnelblick

Manchmal haben wir derart viel um die Ohren, kümmern uns so intensiv um Arbeit und Familie oder Beziehung, dass wir die sozialen Kontakte einfach aus dem Blickfeld verlieren. Machen Sie sich deshalb keine Vorwürfe, das ist ganz normal. Sie sollten lediglich eines tun:

Kleben Sie Ihr WLB-Rad über den Schreibtisch, an den PC oder an eine andere Stelle, an der Sie es ständig sehen können.

Diese Erinnerungsstütze reicht aus, um Ihr Gleichgewicht nicht ganz aus den Augen zu verlieren. Sehen wir das WLB-Rad, erinnern wir uns recht schnell an das, was uns fehlt – und holen es uns. Sehen wir es nicht täglich, merken wir oft erst, was uns fehlt, wenn die Disbalance schon fortgeschritten ist.

Kein schlechtes Gewissen

Es geht nicht darum, dass Sie ein schlechtes Gewissen bekommen und schnell etwas für Ihre sozialen Kontakte tun.

> Ein schlechtes Gewissen ist keine Basis für die Pflege von Kontakten.

Und das aus zwei Gründen: Erstens wirkt ein schlechtes Gewissen nur kurzfristig – weil niemand ein schlechtes Gewissen lange aushalten kann. Ist der Anfall erst einmal vorüber, werden die Kontakte wieder vernachlässigt wie vor dem Anfall. Zweitens merkt Ihr Gegenüber natürlich, dass Sie nur etwas für den Kontakt tun, damit Ihr Gewissen beruhigt ist.
Wenn Sie also Kontakte pflegen, dann nicht wegen des schlechten Gewissens, sondern weil Sie sich auf das besinnen, was Ihnen diese Kontakte geben: Spaß, Gemeinschaft, Abwechslung, Erholung… Besinnen Sie sich auf diese guten Seiten. Das ist eine viel bessere Motivation als ein schlechtes Gewissen.

Die Organisation der sozialen Kontakte

Wer nach der Überwindung seiner inneren Widerstände (s. o. Abschnitt „Hindernisse für das soziale Gleichgewicht") bereit ist, etwas für seine Kontakte zu tun, oder wer ohnehin gerne unter anderen ist und mit ihnen zusammen etwas unternimmt, wird feststellen: Er würde zwar gerne mehr Kontakt zu anderen haben – aber irgendwie kommt immer etwas dazwischen. Schließlich ist so vieles wichtiger als die Kontaktpflege. Das ist nicht ganz richtig.

> Dass wir weniger Zeit für Kontakte haben, als uns gut tut, liegt nicht so sehr daran, dass vieles einfach wichtiger ist, sondern dass unsere Kontakte unterorganisiert sind.

Alles andere im Leben ist nämlich organisiert – deshalb bekommt es ganz automatisch Vorrang. Die einzig logische Schlussfolgerung daraus: Organisieren Sie Ihre Kontaktpflege!

Das hört sich bürokratischer an, als es ist. Denn die Mittel der Organisation sind einfachster Natur:

→ Terminvereinbarung in eigener Sache
→ Eintrag auf der To-do-Liste
→ Terminverschiebungen behandeln
→ Neinsagen lernen
→ Bitte um Erinnerung
→ Ritualisierung

Betrachten wir diese einfachen Mittel im Einzelnen.

Die Terminvereinbarung in eigener Sache

Behandeln Sie die Zeit für Ihre tägliche oder wöchentliche Kontaktpflege wie einen Geschäftstermin: Tragen Sie den Termin in Ihren Terminplaner ein. Übrigens: Wenn Sie die Terminvereinbarung in eigener Sache auch für Aktivitäten zur Pflege des Gleichgewichts in allen anderen Sektoren einrichten, werden Sie bemerken, dass Sie plötzlich sehr viel mehr Zeit für Ihre Gesundheit, Ihre Familie, Ihre geistige und spirituelle Entwicklung haben als ohne organisierte Terminplanung.

Eine gute Organisation schafft Zeit

Deshalb sagt man auch: Man hat immer die Zeit, die man sich nimmt. Mit einer guten Organisation können Sie sich reichlich Zeit nehmen. Sie haben ein seltsames Gefühl dabei, „private" Termine wie Geschäftstermine zu behandeln? Das kommt nicht von ungefähr. Bisher haben wir uns immer eingeredet, dass berufliche Termine viel wichtiger sind als alles andere. Ein Blick auf Ihr WLB-Rad überzeugt Sie vom Gegenteil: Der Beruf ist einfach nur ein Teil des WLB-Rades – wie alle anderen auch.

Solange Sie private Termine für unwichtig halten, besteht das Ungleichgewicht in Ihrem Leben weiter

Die Terminvereinbarung in eigener Sache ist die beste Erinnerungshilfe für die Kontaktpflege überhaupt. Wenn Sie zu den Menschen gehören, die sich von Terminen eingezwängt fühlen, dann nutzen Sie eine Erinnerungshilfe, die weniger Zwang ausübt: die To-do-Liste.

Die To-do-Liste

Ein einfaches und erprobtes Mittel der Selbstorganisation ist die Liste der zu erledigenden Tätigkeiten, die To-do-Liste. Auf ihr sehen Sie auf einen Blick, was Sie heute oder in dieser Woche erledigen möchten. Setzen Sie die Kontakte, die Sie pflegen möchten, einfach auf diese Liste zu allen anderen Tätigkeiten. Wen möchten Sie anrufen, wem eine Mail schreiben? Mit wem möchten Sie mal wieder essen gehen? Viele Seminarteilnehmer berichten, dass diese Liste nicht nur eine zuverlässige Gedächtnisstütze ist, sondern ihnen auch ein gutes Gefühl gibt, wenn sie Punkt für Punkt erledigen. Sie sehen förmlich, wie die Kontakte gepflegt und gestärkt werden.

Terminverschiebungen behandeln

Sie haben eine Terminvereinbarung in eigener Sache getroffen oder einige Kontakte auf Ihre To-do-Liste gesetzt. Da kommt der Chef herein und sagt: „Sie müssen ganz dringend …!" Was tun? Natürlich sind berufliche Termine kurzfristig (und nur kurzfristig) vorrangig vor sozialen Kontakten. Doch was passiert in der Regel, wenn wir Privattermine verschieben müssen? Wir rufen kurz an und sagen: „Es geht heute leider nicht. Wir telefonieren!" Was passiert darauf? Nichts.

 Wenn Sie einen privaten Termin verschieben müssen, behandeln Sie ihn wie einen Geschäftstermin.

Das heißt: sofort einen Ausweichtermin vereinbaren.

Neinsagen lernen

Manche Menschen können private Termine einfach nicht einhalten. „Es kommt eben ständig etwas dazwischen!" Es ist auffällig, dass dies immer denselben Menschen passiert. Mit der Arbeitsbelastung allein kann man das nicht erklären. Es gibt Kolleginnen und Kollegen, die viel mehr zu tun haben und trotzdem ihre privaten Termine einhalten. Es liegt also an etwas anderem: Wer nicht Nein sagen kann, kann keine Termine einhalten.
Wenn zum Beispiel Ihr Chef Überstunden von Ihnen möchte und Sie um 17 Uhr noch fragt: „Schaffen Sie die Arbeit heute noch?", können Sie höflich Nein sagen, indem Sie vorschlagen: „Ich glaube kaum. Wie wäre es morgen, noch vor 10 Uhr?"
Jasager haben kein ausbalanciertes Leben. Das können sie auch

gar nicht haben, denn sie denken ständig nur an andere, statt auch mal an sich selbst. Wer immer, automatisch, unbewusst, reflexhaft und unüberlegt dem Beruf den Vorrang gibt, wird immer in Disbalance leben. Der Beruf ist sehr wichtig. Aber er ist es nicht immer, ununterbrochen und unhinterfragt.

Wer zu allem Ja und Amen sagt, bleibt auf der Strecke

Warum trauen sich viele Menschen nicht, Nein zu sagen?

Viele Menschen trauen sich deshalb nicht, Nein zu sagen, weil sie glauben, die einzige Möglichkeit, Nein zu sagen, sei „Nein!" zu sagen. „Können Sie das heute noch fertig machen?" „Nein!" Darauf rastet der Chef natürlich aus. Weil Sie Nein gesagt haben? Nein, weil Sie ohne jede Begründung, ohne jeden Alternativvorschlag etwas abgelehnt haben.

> Wenn Sie Nein sagen, dann möglichst mit Alternativvorschlag.

Alles andere ist grob unhöflich und provoziert den anderen, es Ihnen irgendwann heimzuzahlen. Was ist, wenn Ihr Gegenüber Ihren Vorschlag nicht akzeptiert? Dann verhandeln Sie und finden Sie einen beiderseits akzeptablen Kompromiss.

Mut zum eigenen Leben

Wenn Sie ein ausgeglichenes, harmonisches und erfülltes Leben führen möchten, kommen Sie täglich mindestens einmal an einen Punkt, an dem Sie etwas möchten, was gut für Ihr Gleichgewicht ist, was aber anderen nicht gefällt. An diesen Punkten haben Sie immer die Wahl: Tue ich, was gut für mich ist oder was andere von mir erwarten?

 Die eigenen Bedürfnisse hintanzustellen, sobald es Probleme gibt, ist der sicherste Weg in die Disbalance.

Damit erhalten Sie zwar die Harmonie am Arbeitsplatz oder in der Familie. Diese Harmonie kommt Sie jedoch teuer zu stehen. Sie bezahlen dafür mit Ihrem inneren Gleichgewicht. Dieser Preis ist immer zu hoch. Vor allem weil äußere und innere Harmonie keine unvereinbaren Gegensätze sind. Mit ein wenig Verhandlungsgeschick finden Sie immer eine Lösung, die beiden Seiten gerecht wird.

 Verzichten Sie nicht auf Ihre Bedürfnisse, verhandeln Sie.

Den Mut dazu bekommen Sie, wenn Sie sich bewusst und klar vor Augen halten, was Sie verlieren, wenn Sie verzichten. Beziehungsweise was Sie gewinnen, wenn Sie verhandeln. Diese Aussicht ist der beste Motivator für Verhandlungen. Sie gibt Mut, zu dem zu stehen, was Ihnen gut tut. Auch vor dem Chef.

Bitte um Erinnerung

Wenn Sie trotz Terminvereinbarung in eigener Sache und To-do-Liste es immer wieder verschwitzen, sich um Ihre Kontakte zu kümmern, bitten Sie Ihre Kontakte doch, sich von sich aus zu melden: „Du, ich habe gerade so viel um die Ohren, ruf mich einfach mal an, damit wir ein bisschen reden können." Geben Sie am besten eine Tageszeit oder einen Wochentag an, an dem Sie nicht von anderem beansprucht sind.

Ritualisierung

Eine gute Erinnerungshilfe ist, sich nicht mehr erinnern zu müssen, weil die Sache schon zur Gewohnheit geworden ist. Zum Beispiel: jeden Freitagabend Kegeln oder jeden ersten Dienstag im Monat um 20 Uhr Kreativenstammtisch im Ochsen ... Regelmäßige Termine werden zu Ritualen, die man ganz automatisch pflegt, ohne groß darüber nachdenken oder sich extra Zeit dafür freischaufeln zu müssen. Für solche regelmäßigen Termine findet man eher Zeit als für Termine, die nicht ritualisiert sind.

Netzwerkpflege

Was früher Pflege der privaten Kontakte genannt wurde, nennt man heute auch Networking oder Netzwerkpflege. Wie auch immer es genannt wird, es erheben sich dabei einige zentrale Fragen, die wir im Folgenden gemeinsam beantworten werden.

Wie viel ist genug?

Wie viele Stunden pro Woche sollten Sie Ihre Kontakte pflegen? Das kommt auf Sie und Ihr inneres Gleichgewicht an. Erforschen Sie Ihre Gefühle. Pflegen Sie so viele Kontakte, dass Sie sich wohl dabei fühlen. Die Anzahl der Freunde und die Anzahl der Kontakte schwankt individuell stark.

Gerhard zum Beispiel war früher Stromableser eines Stromversorgers und kennt aus dieser Zeit noch über 300 Leute näher. Mit vielen davon pflegt er auch heute noch Kontakt. Sein Namensgedächtnis scheint unerschöpflich. Lisa dagegen fallen nur drei Namen ein, wenn sie nach Freundinnen gefragt wird, zu denen sie regelmäßig Kontakt hat. Gerhard ist nicht

> glücklicher als Lisa. Beide fühlen sich in ihrem Freundeskreis wohl. Und nur darauf kommt es an.

Fragen Sie sich in einer ruhigen Minute einmal: Wie groß muss mein Freundeskreis sein, damit ich mich wohl fühle? Wie oft sollte ich mit ihnen Kontakt pflegen?
Jeder Mensch ist anders. Achten Sie auf die Gefühle, die Ihnen das Erreichen Ihres Gleichgewichts anzeigen.

Warnsignale der Kontaktpflege

Bei welchem Umfang Ihres Kontaktkreises und bei welcher Kontaktintensität Sie sich wohl fühlen, ist ein Faktor Ihres Gleichgewichts. Ein anderer ist, was Ihre Kontakte mitzumachen bereit sind. Wenn folgende Anzeichen auftreten, sollten Sie sich unbedingt um Ihre Kontakte kümmern. Es sind Anzeichen der Vernachlässigung:

- → Kontakte schlafen ein.
- → Ein Kontakt sagt: „Du hast ja nie Zeit!"
- → Die Clique unternimmt Dinge, ohne Sie zu benachrichtigen.
- → Kontakte bitten andere um Hilfe, wo sie früher Sie um Hilfe baten.

Prinzipien der Netzwerkpflege

Kontakte werden am besten gepflegt, wenn man die üblichen Fettnäpfchen vermeidet und sich an einige wenige Prinzipien hält:

- → nicht immer nur jammern
- → auf den anderen eingehen
- → sich auch mal ohne Anlass melden

Wenn Sie einen bestimmten Freund oder eine Bekannte nur dann kontaktieren, wenn Sie seelischen Zuspruch brauchen, wird dieser Kontakt entweder bald sauer reagieren oder sich zurückziehen. Niemand lässt sich auf Dauer als seelischer Mülleimer gebrauchen.

→ Melden Sie sich auch, um über Erfreuliches zu reden. Tun Sie das vor allem mit Kontakten, die Sie häufig mit Sorgen belasten. Reden Sie nicht immer nur von sich. Das ist zwar ungemein erleichternd, doch als stummer Zuhörer fühlt sich niemand lange wohl.
→ Achten Sie auf die Balance zwischen Geben und Nehmen. Das heißt nicht, dass Sie mit der Stoppuhr im Kopf darauf achten sollen, dass jeder exakt dieselbe Sprechzeit bekommt. Denn manche Menschen hören gern viel zu und reden wenig, bei anderen ist es umgekehrt. Wo ist das individuelle Gleichgewicht Ihres Gegenübers? Finden Sie es heraus und bringen Sie es mit Ihren Bedürfnissen in Gleichklang. Damit haben Sie ein wichtiges Kriterium für die Auswahl Ihrer sozialen Kontakte an der Hand:
→ Umgeben Sie sich mit Menschen, die Ihnen gut tun.

Wenn Sie ein begnadeter Unterhalter sind, sollten Sie sich mit begnadeten Zuhörern umgeben – sonst kann es Probleme geben. Vor allem: Wenn der andere etwas von sich erzählt, gehen Sie darauf ein. Nehmen Sie es nicht nur passiv zur Kenntnis, sondern zeigen Sie Aufmerksamkeit und Interesse. Melden Sie sich auch mal ganz ohne Anlass, einfach nur, um mal wieder Hallo zu sagen. Erkundigen Sie sich, wie's geht und steht, plaudern Sie ein wenig.

Allzu viel ist ungesund

Bei der Kontaktpflege kommt es auch auf die Dosierung an. Allzu viel ist ungesund.
Gerade in unserer hektischen Zeit kommt es häufig vor, dass

Verplanen Sie nicht Ihre gesamte freie Zeit für soziale Kontakte

Menschen mit ihrem privaten Terminplan den beruflichen imitieren. Er ist zum Platzen vollgestopft. Wer nicht täglich mindestens die berühmte (halbe) Stunde für sich und nur für sich allein reserviert, um etwas

→ für seinen Geist zu tun (s. Kapitel 5),
→ für sein seelisches Gleichgewicht zu tun (s. Kapitel 7),

der zeigt deutliche Symptome einer Flucht vor sich selbst. Sie können sich das dazu passende WLB-Rad vorstellen: Beruf und Soziales, eventuell noch die Familie, bilden riesige Radsegmente, während die restlichen drei kaum noch vorhanden sind.

Falls Sie an sich solche Fluchttendenzen feststellen – könnte es sein, dass Sie nicht mit sich allein sein können oder wollen? Wovor laufen Sie davon? Stellen Sie sich die Frage in einer ruhigen Minute und warten Sie auf die Antwort aus Ihrem Innern. Arbeiten Sie mit dieser Antwort. Ist die Antwort gar zu bedrohlich, emotional schmerzhaft, belastend oder stressig, ziehen Sie einen guten Coach hinzu.

Die Kosten der sozialen Verarmung

Wer seine sozialen Kontakte nicht wieder auf Vordermann bringt und regelmäßig pflegt, wird in den ersten zwei, fünf, ja oft zehn Jahren nichts weiter verspüren als eine latente, stetig zunehmende Unzufriedenheit. Wie ein Motor, der nicht mehr gepflegt wird (Ölwechsel, Dichtungswechsel...), läuft er noch erstaunlich lange Zeit auf voller Drehzahl. Irgendwann explodiert dann die Zylinderkopfdichtung. Motorschaden. Beim Menschen nennt man das auch Burn-out.

Irgendwann kann man eben den Job, dem man seine Kontakte geopfert hat, nicht mehr auf diesem hohen Leistungsniveau ausüben, weil man sozial total verarmt ist und eben nicht das aus seinem Freundeskreis bekommt, was so wichtig für die eigene Leistungsfähigkeit und Zufriedenheit ist: Zuspruch, Spaß, Gemeinschaft.

Wir können lange ohne neue Energie auskommen. Doch irgendwann ist die Batterie aufgebraucht. Dann hat die soziale Verarmung Konsequenzen für den Job, die Gesundheit, die Familie. Das ist typisch für sektorielle Disbalancen: Eine Disbalance in einem Sektor stört auch alle anderen Sektoren.

Soziale Kontakte versorgen uns mit Energie

Man kann eben nicht ein wirklich ausgeglichenes Leben führen und sich über seinen Job freuen, wenn sich keiner mit einem freut. Außerdem können wir immer wieder beobachten: Wer sozial verarmt, verliert auch seine soziale Kompetenz.

Das heißt, wer zu wenig private Kontakte hat, kann irgendwann auch nicht mehr mit den eigenen Mitarbeitern, Chefs, Kollegen und Kunden umgehen.

> Sie brauchen ein funktionierendes Sozialleben, um auch beruflich erfolgreich zu sein.

Das bedeutet wiederum: Das Gleichgewicht im Bereich der sozialen Kontakte ist auch entscheidend für das berufliche Gleichgewicht (s. Kapitel 2).

Pflichtveranstaltungen

Lästige Verpflichtungen

Bisher haben wir so getan, als ob man sich seine sozialen Kontakte frei wählen könne. Kann man aber nicht. „Lassen Sie mich mit sozialen Kontakten in Ruhe!", sagte unlängst ein Seminarteilnehmer. „Ich habe drei Kinder, zwei Patenkinder, Eltern,

Schwiegereltern, zwei Brüder und eine Frau. Wenn ich deren Pflichtveranstaltungen alle hinter mich gebracht habe, kann ich nur noch drei Kreuze machen!"

Die so genannten sozialen Pflichtveranstaltungen empfinden viele Menschen nicht nur als ausgesprochen lästig und zeitraubend. Sie lassen darüber hinaus kaum noch oder keinen Freiraum, um die eigenen sozialen Kontakte zu pflegen. „Da muss man halt hin!", heißt es.

Pflichtveranstaltungen zählen nicht als soziale Kontakte! Warum nicht? Weil Pflicht Zwang impliziert. Und Zwang ist ein balancestörender Faktor, weil Zwang definitionsgemäß die Bedürfnisse des Einzelnen ignoriert. Aber was können Sie tun?

Pflichtveranstaltungen reduzieren

Sie können nicht gut alle Pflichtveranstaltungen ab sofort nicht mehr besuchen! Nein, das würde in Ihrer Familie eine Revolte auslösen und damit das familiäre Gleichgewicht nicht nur stören, sondern möglicherweise zerstören. Es gibt Klügeres:

➔ Reduzieren Sie Pflichtveranstaltungen so weit wie möglich.
➔ Machen Sie das Beste aus den restlichen Veranstaltungen.
➔ Ziehen Sie sich, wo es geht, aus der Affäre.

Pflichtveranstaltungen reduzieren heißt: Frequenz und Dauer einschränken. Sie müssen bestimmt nicht jedes Konzert Ihres städtischen Orchesters besuchen, auch wenn Sie Mitglied im Förderverein sind. Jedes dritte reicht auch. Sie müssen nicht ewig bei Tante Klärchen auf dem Sofa sitzen. Mit zwei Stunden ist die alte Dame auch zufrieden. Denn zwei Stunden Aufmerksamkeit bringen ihr sicher mehr als sechs Stunden mit ständigem Blick auf die Uhr.

Aus Pflichtveranstaltungen, die Sie nicht reduzieren können, machen Sie das Beste. Sie wissen am besten, was Ihnen gut tut,

also holen Sie sich so viel wie möglich davon. Damit Sie danach sagen können: „War irgendwie doch ganz nett."
Es gibt auch Pflichtveranstaltungen, die Sie ganz sausen lassen können – ohne dass jemand tödlich beleidigt ist. Sie müssen die Liste Ihrer Pflichtveranstaltungen einfach nur daraufhin untersuchen.

Kommunikative Kompetenz

Es ist erstaunlich, dass viele Menschen Pflichtveranstaltungen nur deshalb mitmachen, weil sie nicht gelernt haben, sich höflich zu entschuldigen: „Was sage ich denn, wenn mich Tante Klärchen fragt, warum wir schon gehen?" Das ist eine Befürchtung, die rein statistisch betrachtet selten real wird. Denn normalerweise fragt Tante Klärchen nicht nach dem Grund, sondern sagt: „Ach, ihr müsst schon gehen? Das ist aber schade." Darauf schüttelt man nun nicht eine fadenscheinige Ausrede aus dem Ärmel, die jeder vernünftige Mensch hinterfragen würde, sondern geht einfach auf das ein, was das Gegenüber anbietet: „Ja, das ist wirklich schade. Wir wären auch gern noch geblieben. Aber wir müssen einfach los." Das überzeugt viel besser, weil auch Tante Klärchen nicht völlig weltfremd ist. Und das Schönste daran: Kein Wort ist gelogen. Denn Sie müssen wirklich los, wenn Sie heute noch ein bisschen Zeit für sich selbst finden wollen.

Wer reden kann, bringt's weiter im Leben

Man könnte nun schließen, dass nur Menschen mit einer gewissen kommunikativen Kompetenz es jemals schaffen, ihr Leben ins Gleichgewicht zu bringen. Das stimmt. Wer sein eigenes Leben leben will, muss seine Umwelt kommunikativ so führen können, dass sie ihm nicht in die Suppe spuckt. Dieser Umstand verleitet nun viele Menschen zur Schlussfolgerung: „So gut kann ich mich nie ausdrücken, also kann ich mein Leben auch nicht ins Lot bringen."

Diese Folgerung ist falsch. Sie unterstellt, dass Balance eine Folge von kommunikativer Kompetenz ist. Dabei ist es umgekehrt: Menschen, die ihr Leben ins Lot bringen möchten, entwickeln rasch kommunikative Kompetenz.

Das scheint nur überraschend. Tatsächlich sagte schon Cato der Ältere: „Beherrsche die Sache, dann folgen die Worte." Wem etwas sehr am Herzen liegt, der findet immer auch die passenden Worte.

Die Liste der Pflichtveranstaltungen

Listen Sie Ihre Pflichtveranstaltungen auf. Ob Sie das pro Woche, Monat oder Jahr machen, ist nicht so wichtig. Da kommt ganz schön was zusammen, nicht wahr? Bearbeiten Sie die Liste mit dem obigen Dreischritt: reduzieren – das Beste draus machen – aus der Affäre ziehen.

Machen Sie sich die Folgen klar, wenn Sie es nicht tun: Sie tolerieren ein unnötiges Stresspotenzial und tragen hohe Opportunitätskosten. Denn in der Zeit, in der Sie auf Pflichtveranstaltungen festhängen, können Sie keine sozialen Kontakte pflegen.

Beruflich-soziale Kontakte

Oft taucht die Frage auf: „Wozu zählt Golfspielen oder Essen mit Kunden und Kollegen?" Bei manchen sind diese halbberuflichen Veranstaltungen nach Feierabend ein beträchtliches Segment im Rad der Work-Life-Balance.

Soziale Kontakte, die beruflich motiviert sind, zählen nicht. Warum nicht? Weil Sie dabei nichts von dem bekommen, was soziale Kontakte auszeichnet: keine offene Kommunikation, kein Geben und Nehmen ohne Hintergedanken...

Wer Freizeit als Möglichkeit zur Karriere mit anderen Mitteln betrachtet, verschafft sich damit einerseits Karrierevorteile und schädigt andererseits sein Gleichgewicht. Wägen Sie ab: Wie viel ist zu viel? Wie viel halbberufliche Termine verkrafte ich noch, ohne unzufrieden dabei zu werden?

„Für die sozialen Kontakte ist meine Frau zuständig."

Das sagen viele unserer Coaching-Teilnehmer. „Meine Frau treibt mich aus dem Haus." Da kann man nur wünschen, dass einem so eine Frau möglichst lange erhalten bleibt. Verliert man sie auf die eine oder andere Weise, fällt auch plötzlich der Freundeskreis weg. Denn man war lange Jahre eigentlich nie aktives Mitglied darin, sondern lediglich Mitläufer.
Außerdem sollte man sich fragen, ob man diese Kontakte auch selbst wählen würde. Oft ist die Antwort Nein, weil man eben andere Bedürfnisse hat. Von einem Gleichgewicht im sozialen Bereich kann dann nicht die Rede sein.
Für sein Gleichgewicht ist jeder selbst zuständig. Das kann einem keiner abnehmen, auch wenn er einen noch so liebt. Die eigenen Präferenzen kennt man eben immer noch selbst am besten. Übrigens: Dieselbe Konstellation gibt es natürlich auch mit umgekehrten Vorzeichen: Der Mann treibt die Frau aus dem Haus, weil sie vor lauter Partner- und Mutterrolle keine sozialen Kontakte mehr hat. Dann gilt dasselbe: Das ist keine Dauerlösung und keine Lösung, die wirklich zum Gleichgewicht führt (auch wenn die Frau sich dabei sehr beschäftigt fühlt).

Ist Monokultur eine Gefahr?

Ebenfalls eine Frage, die häufig auftaucht: „Ich habe meine sozialen Kontakte fast ausschließlich im Sport" – oder einem anderen zeitintensiven Hobby. Ist das schlimm? Soll man sich etwa extra, zum Ausgleich sozusagen, andere soziale Kreise erschließen? Nein – nicht, wenn Sie alles, was Sie von sozialen Kontakten erwarten, in Ihrem aktuellen Kreis finden.
Soziale Kontakte sind kein Portfolio an Geschäftsbeteiligungen, das möglichst ausgeglichen sein sollte. Soziale Kontakte sollen Ihnen einfach nur das geben, was Sie sich von sozialen Kontakten erwarten. Wenn das Ihr aktueller Kreis nicht schafft, können Sie ihn erweitern. Dann sollten Sie es allerdings auch tun, denn dann sind Sie nicht im Gleichgewicht.

Worst Case

Wenn es zum Schlimmsten kommt

Der schlimmste Fall der Disbalance im Bereich soziale Kontakte: Der alte Freundeskreis ist weg, eingeschlafen, verzogen, sauer auf Sie und neue Freunde sind nicht nachgekommen. In dieser Situation befinden sich in unseren stressigen Zeiten erschreckend viele Menschen.

Das Schlimmste, was Sie tun können, wenn alte Freunde verloren und neue nicht gefunden sind: hinnehmen.

Dieses Hinnehmen ist von unserer Leistungsgesellschaft geradezu zur Religion erhoben worden: „Das ist eben der Preis der Karriere." „Macht macht einsam." Das ist ausgemachter Unfug.

Erstens stimmt es nicht und zweitens geht man mit dieser Einstellung im Hinterkopf garantiert vor die Hunde: Die Kosten dieser sozialen Verarmung für die geistige, körperliche und seelische Gesundheit sind einfach zu hoch. Niemand kann sie lange tragen. Also versuchen Sie gleich gar nicht, es auszuhalten. Es gibt Besseres, was Sie tun können:

➜ Reanimieren Sie den alten Freundeskreis.
➜ Suchen Sie neue Freunde.
➜ Machen Sie Kollegen zu Freunden.

Alte Freunde reanimieren

Eine harte Arbeit. Denn viele Telefonnummern und Adressen stimmen nicht mehr. Sie müssen richtig Zeit und Detektivarbeit investieren. Und dabei immer gegen das schlechte Gewissen arbeiten: „Hätte ich doch bloß früher...!"
Quatsch! Vergessen Sie so eine negative Herangehensweise. Dabei wird ja der fröhlichste Mensch schwermütig. Sagen Sie sich einfach: „Da bin ich mächtig gespannt. Was treiben wohl die alten Freunde?" Und dann entfachen Sie ein großes Hallo, wenn Sie tatsächlich Kontakt herstellen: „Ja, ich bin's tatsächlich! Wann haben wir uns das letzte Mal gesehen? Bei Petras Party? Waren das noch Zeiten! Was geht denn grad so bei dir ab? Bist du noch in Kontakt mit der alten Clique?"
Gehen Sie davon aus, dass Sie viele der ehemaligen Kontakte nicht mehr reanimieren können. Bereiten Sie sich darauf vor, dann schmerzt es weniger. Seien Sie deshalb doppelt froh über jeden, den Sie noch reanimieren können.
Erfinden Sie keine großen Entschuldigungen. Das wirkt peinlich und ist unnötig. Entschuldigen Sie sich nicht, erklären Sie lediglich kurz: „Ich hab die letzten drei Jahre wie ein Irrer für die Beförderung geschuftet. Jetzt habe ich endlich wieder mehr Zeit." Das reicht. Danach nehmen Sie den Faden dort wieder

Hegen Sie keine zu großen Erwartungen

auf, wo Sie ihn verloren haben. Fragen Sie vor allem: „Wie läuft es bei dir so?" Denn Sie möchten nicht den Eindruck erwecken, dass Sie nur jemanden brauchen, vor dem Sie mächtig angeben können.

Neue Freunde suchen

Wofür interessieren Sie sich – außer für den Beruf?

Ab einem bestimmten Alter fällt es den meisten schwer, neue Kontakte zu knüpfen. Die Hemmungen sind hoch. Also suchen Sie sich Kontaktmöglichkeiten, bei denen Ihre Hemmungen so klein wie möglich sind. Das ist immer bei Ihren ganz speziellen Interessen der Fall.

> Suchen Sie auf diesen Interessengebieten nach Gleichgesinnten. Schnuppern Sie in Vereine und Vereinigungen hinein. Das kostet Überwindung, fällt jedoch umso leichter, je besser vorbereitet Sie sind: Nehmen Sie zuvor Kontakt mit dem entsprechenden Abteilungs- oder Übungsleiter auf, dessen Angebot Sie besuchen möchten. Gehen Sie je nach Interesse auf Vorträge, Konzerte und Stadtfeste. Suchen Sie im Internet nach Veranstaltungen. Gehen Sie dorthin, wo Menschen sind und wo Sie sich hintrauen. Fragen Sie Kollegen nach deren Freizeitaktivitäten. Vielleicht können Sie sich anschließen. Zumindest können Sie deren Tipps nutzen.

Das kostet Überwindung

Zugegeben, Kontaktaufnahme kostet Überwindung. Deshalb sagen sich viele: „Ach, so nötig brauche ich das auch nicht. Schließlich habe ich meine Familie und ein paar nette Kollegen." Wenn Sie das aus ganzem Herzen sagen können, dann ist das ein untrügliches Zeichen dafür, dass Sie im Gleichgewicht sind. Wenn dabei aber ein leicht bedrücktes Gefühl, ein schaler Nachgeschmack bleibt, dann sollten Sie auf Ihre innere Stimme hören, sich einen Ruck geben und sich überwinden.

Denken Sie daran, wie Sie schon in wenigen Wochen ein alter Hase in Ihrem neuen Freundeskreis sein werden und Ihnen Ihre Hemmungen von damals ziemlich lächerlich vorkommen werden.

Überwindung lohnt sich immer

Kollegen als Freunde gewinnen

Zur Not können Sie auch gute Kollegen zu Freunden machen. Das heißt, wenn Sie dabei nicht denken: „Es reicht schon, dass ich mit denen arbeiten muss!" Ist das der Fall, dann weist es stark auf eine Disbalance im Sektor Arbeit hin. Das ist ein Zustand, der korrekturbedürftig ist. Das sollte man nicht zu lange auszuhalten versuchen. Ändern Sie etwas daran oder wechseln Sie Job oder Abteilung. Falls Sie Ihre Kollegen dagegen im Großen und Ganzen ganz okay finden:

> Gehen Sie mit den Kollegen mal essen, was trinken, zur Abteilungsfete, auf After-Work-Partys.

In allen größeren Städten sind After-Work-Partys derzeit der Renner. Warum? Weil es eben vielen Menschen so geht: Vor lauter Beruf ist der alte Freundeskreis eingeschlafen. Sind da solche Partys nicht ein schlechter Ersatz? Sie kennen inzwischen die Antwort: Nicht, wenn sie Ihnen das geben, was Sie sich von sozialen Kontakten erhoffen. Dass diese Partys alle hoffnungslos oberflächlich sind, ist ein Vorurteil. Möglicherweise sind einige Partys das. Doch selbst auf der oberflächlichsten Party kann man Menschen treffen, die außerhalb der Party etwas Tiefgang schätzen. Knüpfen Sie Kontakte!

Der Worst Case des Pendlers

Die soziale Verarmung ist ein echtes Problem unter Pendlern. Am Ort des Arbeitsplatzes hat der Pendler keine sozialen Kontakte, weil er abends zurückfährt. Und am Wochenende hängt er in der Familie fest, die ihn mit Beschlag belegt, weil sie ihm wegen der Pendelei viel zu selten zu Gesicht bekommt.

Viele Pendler sind ganz arm dran und nach einigen Jahren innerlich völlig aus dem Gleis, was in Coachings und Seminaren zu traurigen Offenbarungen führt: „Ich bin nur noch für den Beruf und die Familie da. Ein eigenes Leben habe ich nicht mehr." „Ich weiß nicht mehr, wo ich hingehöre."

> Wenn die Disbalance schon so ausgeprägt ist, hilft nur noch eines: geistige Vollbremsung!

Entreißen Sie den Klauen des Zeitmonsters eine ungestörte Stunde und denken Sie über Möglichkeiten nach, den Missstand zu beheben.

→ Viele Pendler suchen sich einen regelmäßigen wöchentlichen sozialen Kontakt am Ort des Arbeitsplatzes, zum Beispiel eine Sportstunde. Die Familie sieht denjenigen dann zwar an diesem Abend kaum mehr, doch wenn man das mit der Familie verhandelt (s. Kapitel 4), bekommt man etwas Unbezahlbares dafür: ein Zugehörigkeitsgefühl.
→ Andere suchen sich am Wohnort einen regelmäßigen wöchentlichen sozialen Kontakt, zum Beispiel den Sonntagsbrunch in der alten Clique.
→ Manche tun sich mit anderen Pendlern zusammen, organisieren Mitfahrgelegenheiten und unternehmen gemeinsam nach Feierabend irgendetwas.

Es gibt so viele Möglichkeiten – was fällt Ihnen ein?

Was es bringt

Menschen sind nicht dafür konstruiert, allein zu sein. Wir beziehen große Teile unserer geistigen Energie, unserer Motivation, Anerkennung und Lebenskraft von anderen. Wir brauchen den Austausch. Dieser Austausch ist wie unsere Nahrung: Ohne sterben wir.
Bei den sozialen Kontakten bemerkt man das nicht so schnell wie bei der Nahrung. Doch man bemerkt es mit ebenso tödlicher Sicherheit. Menschen ohne ausreichend Austausch werden erst weniger leistungsfähig, dann schrullig, dann krank. Menschen, die sich dagegen in einem funktionierenden sozialen Umfeld bewegen,

- sind ausgeglichener, weil sie wissen, dass es neben der Arbeit noch andere Dinge gibt;
- haben mehr Energie, weil sie sie im sozialen Kontakt aufladen;
- sind bei der Arbeit motivierter, weil sie anderen davon erzählen können (die eigene Familie ist für Geschichten von der Arbeit nicht immer empfänglich);
- sind eindeutig stressresistenter, weil sie neben der Arbeit noch andere wichtige Dinge haben;
- sind emotional stabiler;
- sind daher leistungsfähiger;
- haben mehr Spaß an der Arbeit;
- erholen sich nach Rückschlägen deutlich schneller, weil sie über ihr eigenes soziales Netz verfügen, das sie auffängt – Menschen ohne dieses soziale Netz stürzen oft genug ins sprichwörtlich Bodenlose.

Was schätzen Sie besonders an Ihrem sozialen Netz? Was gibt es Ihnen? Dafür lohnt es sich doch, die Kontakte zu pflegen, nicht wahr?

Auf einen Blick: Das können Sie tun, um ausreichend sozialen Kontakt zu bekommen

- Gehen Sie in einer ruhigen Minute in sich: Wie viel soziale Kontakte brauchen Sie, um sich ausgeglichen zu fühlen?

- Respektieren Sie Ihr inneres Gleichgewicht, was soziale Kontakte anbelangt: Sie benötigen nicht besonders viele oder tiefe Freundschaften. Jede Anzahl und Tiefe ist okay, bei der Sie sich zufrieden, im Gleichgewicht fühlen.

- Sie können ganz gut ohne (viele) Freunde leben? Prüfen Sie Ihre Gefühle: Reden Sie sich das ein (weil sie wegen des Berufs so wenig Zeit haben) oder fühlen Sie sich wirklich wohl dabei?

- Welche Freunde, Bekannte, Vereinskollegen, aber auch Veranstaltungen (Konzerte, Versammlungen, Partys …) geben Ihnen ein besonders intensives Gefühl aufzutanken, Spaß zu haben, sich mal gehen zu lassen?

- Bekommen Sie genug von diesen Kontakten, um im Gleichgewicht zu sein?

- Wenn nicht, was hindert Sie daran?

- Diese Hindernisse sind meist geistiger Natur, Einstellungssache. Sorgen Sie für die richtige Einstellung zur Kontaktpflege: Beruf und Kontakte – beides geht!

- Beides geht – sofern gut organisiert: Organisieren Sie Ihre Kontakte mit Terminvereinbarungen in eigener Sache und/oder To-do-Liste.

- Gewöhnen Sie sich an, private Terminverschiebungen nur mit Nachholtermin zu tolerieren.

Was es bringt

- ❏ Lernen Sie, Nein zu sagen, um Ihre privaten Termine gegen berufliche Übergriffe zu schützen – das kann man wirklich lernen!

- ❏ Ritualisieren Sie Ihre privaten Kontakte.

- ❏ Pflegen Sie Ihre sozialen Kontakte bewusst – auch wenn Sie sie gerade nicht brauchen oder wenig Zeit haben. Soziale Kontakte verdorren, wenn Sie sie nicht pflegen.

- ❏ Soziale Kontakte benötigen nicht viel Pflege, solange sie regelmäßig ist.

- ❏ Nicht nur kontakten, wenn Sie jammern müssen – reden Sie nicht nur, gehen Sie auch auf den anderen ein –, telefonieren, mailen oder treffen Sie sich hin und wieder nur mal so.

- ❏ Flüchten Sie nicht in soziale Kontakte. Reservieren Sie mindestens eine halbe Stunde täglich für sich allein.

- ❏ Falls Sie nicht mit sich allein sein können: Lernen Sie wieder, mit sich allein zu sein, oder schalten Sie einen Coach ein.

- ❏ Reduzieren Sie soziale Pflichtveranstaltungen nach Anzahl und Intensität und machen Sie bei den restlichen das Beste draus.

- ❏ Ist bereits der schlimmste Fall eingetreten und Sie stehen ohne ausreichende private Kontakte da: Reanimieren Sie die alten Kontakte – überwinden Sie sich, neue zu knüpfen –, machen Sie aus guten Kollegen Freunde.

4 Emotionale Bindungen: Qualität statt Quantität

Heftige Störungen daheim

Dass bei den emotionalen Bindungen, also in Beziehung und Familie, einiges im Argen liegt, wissen die meisten berufstätigen Menschen, was wir an den vielfältigen Klagen ablesen können:

- „Ich würde gern mehr mit der Familie machen – aber woher die Zeit nehmen?"
- „Meine Freundin hält mir ständig vor, dass ich zu viel arbeite."
- „Wenn ich spätabends im Büro sitze, habe ich ein schlechtes Gewissen wegen meiner Familie. Sitze ich bei der Familie, habe ich ein schlechtes Gewissen wegen der Arbeit."
- „Ich versuche schon, so spät wie möglich nach Hause zu kommen, weil mir die ständigen Vorhaltungen auf den Nerv gehen."
- „Ich liebe meine Kinder – aber sie rauben mir die letzte Energie."
- „Meine Kinder wachsen praktisch ohne mich auf."
- „Mein Partner interessiert sich nicht für meinen Job."
- „Ich rede lieber mit meiner Sekretärin als mit meiner Frau/meinem Mann."
- „Ich kann noch nicht nach Hause gehen, weil meine Kinder noch nicht im Bett sind."
- „Arbeit, Familie, soziale Verpflichtungen – Zeit für mich bleibt da nicht mehr."
- „Ich muss arbeiten, ich muss mich um meine Familie/mei-

nen Partner kümmern – mein Leben ist ein einziges Muss geworden."

Man braucht kein Genie zu sein, um aus diesen Äußerungen auf eine heftige Disbalance im häuslichen Bereich zu schließen. Der Haussegen hängt schief. Und wenn der Haussegen schief hängt, ist es auch schwer, die beruflichen Erfolge zu genießen. Man kann nicht ausgeglichen und zufrieden leben, wenn Familie und/oder Beziehung in Disbalance sind. Sie haben weder das eine noch das andere? Sie sind Single?

Haben Singles emotionale Bindungen?

Beziehung und Familie ist nicht alles

Singles haben keinen Partner, zumindest keinen längerfristigen, und auch keine eigene Familie. Wenn beides fehlt – können sie dann überhaupt ihr Leben ins Gleichgewicht bringen? Fällt da nicht ein Stück des WLB-Rades unter den Tisch? Ein Mensch, der nicht in einer Beziehung lebt, kann doch wohl nicht im Gleichgewicht leben. Da fehlt doch was. Das wird oft suggeriert. Das ist aber nicht so.

Auch ein Single kann im Gleichgewicht leben. Man braucht keine eigene Familie oder eine Beziehung, um im Gleichgewicht zu leben. Emotionale Bindungen sind nicht nur in der Familie oder Beziehung möglich. Ein Single holt sich die Erfüllung seiner emotionalen Bedürfnisse eben bei besonders guten Freunden oder selbstverständlich in der Herkunftsfamilie (Eltern, Geschwister, Cousins ...).

Auch Singles haben emotionale Bindungen

> Es ist egal, wo Ihre emotionalen Bedürfnisse erfüllt werden – Hauptsache, sie werden erfüllt! Erwarten Sie jedoch nicht, dass sich Ihre emotionalen Bedürfnisse von allein erfüllen.

Vertraute finden

Jeder Mensch braucht (mindestens) einen anderen Menschen, mit dem er auch mal ein vertrauliches Gespräch führen kann. Dieser Vertraute fällt nicht vom Himmel. Sie sollten ihn schon suchen oder die Beziehung zu einem Freund oder Familienmitglied so ausbauen, dass sie auch Vertrauliches erträgt.

Frauen haben es da leichter: Frauen haben ihre beste Freundin. Bei Männern klafft an dieser Stelle oft ein Loch im Beziehungsgefüge. Sie haben keinen, mit dem sie auch mal ein offenes Wort reden, dem sie ihre Gefühle offenbaren können. Doch was nicht ist, sollte werden – wenn „mann" die Disbalance im emotionalen Bereich wieder ins Lot bringen möchte. Entweder man findet im Freundes-, Bekanntenkreis oder in der Herkunftsfamilie eine Vertrauensperson oder man ersetzt den besten Freund einfach durch eine quasi fraktale Freundschaft:

Stefan hat keinen besten Freund. Dafür hat er Frank, wenn ihm mal nach einem Gespräch unter Männern ist. Frank ist ein guter Zuhörer. Mit Doris redet er, wenn es um Gefühle und den periodischen Beziehungsstress geht, den er mit seinen Wochenendbeziehungen hin und wieder auf sich lädt. Denn Doris gegenüber kann er sich zu diesen Themen öffnen. Wenn er sich richtig down fühlt, ruft er seinen Cousin Max an. Max ist immer gut gelaunt und reißt ihn wieder hoch.

Stefan hat sich diesen „besten Freund" in Person vieler guter Freunde über die Jahre aufgebaut. Das war nicht immer leicht und schon gar nicht einfach. Aber es hat sich gelohnt. Stefan ist emotional so ausgeglichen, wie er sich das wünscht. Das heißt: Er ist im Gleichgewicht.

Tiefer in die emotionale Bedürfnisbefriedigung von Singles steigen wir übrigens in Abschnitt „Zurück zu den Singles" am Ende des Kapitels ein.

In dieser Hinsicht ist das folgende Kapitel für Singles wie für andere Menschen gleich: Emotionale Bindungen sollten aufgebaut und dann gepflegt werden, damit sie für Singles wie für andere Menschen befriedigend werden. Befriedigend? In den meisten Fällen sind sie alles andere als das.

Familien- und Beziehungsflucht

Mit den emotionalen Bindungen ist es in unserer Zeit nicht zum Besten bestellt. Mehr Partnerschaften und Ehen als jemals zuvor in der modernen Geschichte der Menschheit gehen in die Brüche. Beziehungen und Familien sind Belastungen ausgesetzt, die noch vor 20 Jahren undenkbar schienen. So gesehen hat unsere vorgeblich zivilisierte Gesellschaft wenig Zivilisiertes an sich. Sie ist emotional verarmt, behindert das emotionale Gleichgewicht der Menschen, die in ihr leben.
Für viele Berufstätige sind Familie und Beziehung nicht mehr Orte des Auftankens im stressigen Alltagsleben, sondern selbst schon Stressfaktoren geworden. Nach einem stressigen, kräftezehrenden und nervenraubenden Arbeitstag kommt man/frau nach Hause, sehnt sich nach ein wenig Erholung und wird von der Familie oder dem Beziehungspartner mit Beschlag belegt, die auch etwas von ihm oder ihr haben wollen.
Viele Berufstätige empfinden Beziehungen und Familie inzwischen als zusätzlichen Stress. Die Familienforschung spricht bereits von der „Flucht an den Arbeitsplatz". Viele Menschen fühlen sich am Arbeitsplatz wohler als zu Hause und schieben gern Überstunden und Wochenendarbeit, weil sie dann zumindest für Stunden dem häuslichen Drama entkommen: „Im Büro habe ich wenigstens meine Ruhe!"
So absurd diese Situation ist, wir könnten ihr noch Positives abgewinnen, wenn sie wenigstens funktionieren würde. Doch sie tut es nicht. Denn die emotionalen Bedürfnisse können eben nur im

Extremfall am Arbeitsplatz befriedigt werden. Der Flirt am Arbeitsplatz ist da keine Ausnahme, sondern eher die Bestätigung der Regel: Er bietet Zerstreuung, Erotik und Nervenkitzel, jedoch keine echte emotionale Befriedigung.

Was können wir tun? Das Ungleichgewicht zwischen Arbeit und emotionalen Bindungen beseitigen. Uns das holen, was wir emotional brauchen und wünschen. Wie? Indem wir ein Problem nach dem anderen aus dem Weg räumen, das dieses Gleichgewicht stört.

Quality Time

Balanceverweigerung

Die Disbalance im emotionalen Bereich ist nicht zu übersehen. Im Beruf geht es meist gut voran, während Beziehung, Familie oder tiefe Freundschaften entweder auf einem sehr unbefriedigenden Niveau verlaufen oder immer weiter bergab gehen. Ziel des Balancing sollte also sein, diesen privaten Bereich zu „entstören" – sollte man meinen.

Anspruchsdenken verhindert Balancing

Tatsächlich ist dieses Ziel nicht so selbstverständlich. Denn viele Berufstätige denken oder sagen: „Mein Partner/meine Familie sollen mich bei meinem Beruf unterstützen! Für wen arbeite ich denn?!" Viele verstehen einfach nicht, warum ihr Partner, ihre Familie, ihre emotionale Bezugsperson ihren Beruf so wenig verstehen und sie darin nicht unterstützen. Das ist zwar einerseits verständlich, andererseits aber auch eklatantes Anspruchsdenken. Viele glauben, sie hätten einen Anspruch auf Unterstützung aus dem häuslichen Bereich.

Heute hat man diesen Anspruch nicht mehr. Es gab ihn vielleicht früher. Wer erwartet, dass sich Familie, Partner und bester Freund dem eigenen Beruf unterordnen, kann heutzutage lange warten.

Zum Gleichgewicht führt nur Aktivität. Warten Sie nicht, erwarten Sie nicht. Nehmen Sie Ihr Leben selbst in die Hand. Beseitigen Sie die Probleme, die Ihr emotionales Gleichgewicht stören.

Balancing ist aktiv – Ansprüche hegen ist passiv

Qualität statt Quantität

Beginnen wir mit einem Problem, das weit verbreitet ist, im Grunde jedoch überhaupt kein Problem ist: Die meisten überlasteten Berufstätigen glauben, dass sie viel mehr Zeit für die Familie, die Beziehung oder den vertrauten Freund aufbringen müssten, um die emotionalen Bindungen, den häuslichen Frieden, die tiefe emotionale Beziehung „wieder hinzubiegen". Doch weil niemand diese Zeit hat, wird auch nichts unternommen – wodurch die emotionalen Bedürfnisse immer stärker ins Ungleichgewicht kippen. Je stärker sie kippen, desto mehr Zeit bräuchte man – glaubt man –, um sie wieder zu kitten ... und so weiter. Ein Teufelskreis, der sich oft bis zur familiären Zerrüttung, zum Beziehungsende und zur emotionalen Verarmung steigert.

> Der große Irrtum: Sie brauchen nicht mehr Zeit für Ihre emotionalen Bindungen, Sie brauchen bessere Zeit. Nicht Quantität, sondern Qualität.

Deshalb heißt diese Zeit in Amerika auch Quality Time. Vereinfacht formuliert: Beziehung, Familie oder tiefe Freundschaft funktionieren selbst mit minimalem Zeitaufwand – wenn diese Zeit Quality Time ist.
Kinder, Partner oder beste Freunde sind nicht dann sauer oder fühlen sich vernachlässigt, wenn Sie zu wenig Zeit mit ihnen verbringen, sondern wenn Sie diese Zeit so mit ihnen verbringen, dass sie wenig oder nichts davon haben.
Wovon haben Ihr Partner, Ihre Kinder, Ihre beste Freundin, Ihr bester Freund mehr: Wenn Sie vier Stunden mit ihm/ihr/ihnen verbringen und nebenher Zeitung lesen, TV schauen und Akten

wälzen? Oder wenn Sie 20 Minuten ihm, ihr oder ihnen Ihre ganze Aufmerksamkeit widmen? Eine rhetorische Frage, anhand deren wir erkennen: Wenn Sie wenig Zeit mit viel Aufmerksamkeit in Ihrer emotionalen Beziehung verbringen, ist das viel besser als viel Zeit mit wenig Aufmerksamkeit.

Aufmerksamkeit macht Quality Time aus. Es gibt acht Kriterien, die erfüllt sein sollten, damit es wirklich Quality Time ist. Die Qualität von gemeinsam verbrachter Zeit ist umso höher,

→ je besser Sie zuvor abschalten konnten;
→ je weniger Sie Ablenkungen zulassen;
→ je eher Sie auch mal das machen, was der andere gern macht;
→ je zuverlässiger Sie Rituale achten;
→ je intensiver Sie gemeinsame Interessen pflegen;
→ je zeitnaher Sie offene Fragen klären;
→ je regelmäßiger Sie über die Beziehung an sich reden;
→ je verbindlicher diese gemeinsame Zeit ist.

Betrachten wir die Kriterien im Einzelnen.

Schalten Sie ab

Stress in Beziehung, Freundschaft oder Familie tritt häufig dann auf und bringt die emotionale Beziehung in Disbalance, wenn Sie nicht abschalten können. Direkt nach der Arbeit zu Partnerin, Freund oder Familie zu gehen stört die emotionale Bindung, weil man nur mit halbem Herzen und mit halbem Verstand bei der Sache ist.

Schalten Sie ab, bevor Sie zu Partner, Familie, Freundin oder Freund gehen

Der Merkspruch dafür: „Die erste halbe Stunde nach Feierabend gehört mir!" Das muss keine halbe Stunde sein. Das kommt darauf an, innerhalb welcher Zeit Sie abschalten können. Wie lange brauchen Sie dazu? Was müssen Sie dafür tun? Fernsehen, Internetsurfen, im Bastelkeller werkeln, Joggen, Holzhacken? Finden Sie es heraus. Dieses Herausfinden ist Balancing.

Regeln Sie Ihre Abschaltzeit mit Partner, Familie, Freund, Freundin. Wenn Sie das nicht tun, wird man Ihnen vorwerfen: „Was haben wir dir getan? Du verschwindest nach der Arbeit immer sofort in den Keller!" Oder: „Die erste Stunde nach Geschäftsschluss bist du ungenießbar!" Also erklären Sie Ihren Lieben erst einmal die Bedeutung der Abschaltstunde.

„Muss das so kompliziert sein? Meine Frau macht das doch nie mit! Geschweige denn die Kinder!", kommt oft der Einwand. Warum? Weil das die Frau nie mitmacht? Nein, weil wahrscheinlich nie der Versuch unternommen wurde, mit Kindern oder Partner oder Freund offen über dieses Thema zu reden.

Verständnis kommt von verstehen. Also erklären Sie die Sache erst einmal, damit Ihr Umfeld sie verstehen kann. Es ist bezeichnend für den Zustand unserer Beziehungen, dass wir über solche Themen nicht reden können. Wir haben keine Übung darin, aber spontan die schlimmsten Befürchtungen: „Warum will er nach zehn Jahren Ehe nun plötzlich ,abschalten'? Hat er eine andere?" So ungewohnt es auch in Familie und Beziehung sein kann, offen und ehrlich über wichtige Themen zu reden – es führt leider kein Weg daran vorbei, wenn Sie ins Gleichgewicht gelangen wollen. Weil es gar zu ungewohnt für die meisten ist, offen und ehrlich zu reden, nachfolgend eine „Gebrauchsanweisung" für das offene Wort.

Wenn Ihr Umfeld wenig Verständnis für Ihre Abschaltstunde zeigt, dann hat es sie noch nicht verstanden

Wie rede ich offen und ehrlich mit anderen?

„Ich brauche ab sofort eine halbe Stunde zum Abschalten!" Sie können sich denken, was nach diesen Worten los ist im Karton. Wer so redet, gefährdet sein emotionales Gleichgewicht, weil er den Zorn seiner Lieben auf sich lädt. Wir haben verlernt, uns offen und trotzdem beziehungsfreundlich auszudrücken:

→ Reden Sie nicht, wenn Sie und die anderen gestresst durch die Gegend hetzen. Wählen Sie den Zeitpunkt weise. Entspannen Sie sich erst und achten Sie darauf, dass auch die anderen entspannt sind, bevor Sie beginnen. Ein guter Zeitpunkt ist Sonntag, weil da alle relativ entspannt sind.

→ Schicken Sie die Interessen des oder der anderen vorweg: „Wenn ich nach Hause komme, möchte ich gern mit euch die Zeit verbringen." Schicken Sie das nicht vorweg, befürchten die anderen, dass ihre Interessen zu kurz kommen, und werden Ihnen widersprechen.

→ Formulieren Sie eine Ich-Botschaft zum Grund Ihres Vorschlags: „Aber direkt nach der Arbeit bin ich einfach noch so gestresst, dass ich in Gedanken noch ganz weit weg bin."

→ Machen Sie Ihren Vorschlag: „Deshalb möchte ich am liebsten direkt nach der Arbeit eine halbe Stunde (oder...) erst einmal die Zeitung lesen (oder...), um abzuschalten. Das würde mir helfen."

→ Fragen Sie nach der Einschätzung der anderen, damit sie nicht denken, dass ihnen ein Diktat aufgezwungen wird: „Könnt ihr euch das vorstellen? Könnte das funktionieren? Wärt ihr damit einverstanden?"

→ Treffen Sie wegen der nötigen Verbindlichkeit eine Vereinbarung: „Lasst es uns doch mal zwei Wochen lang ausprobieren!" Die Testzeit sollte nicht zu lange sein, damit die anderen nicht fürchten, der Test ende nie.

→ Evaluieren Sie das Testergebnis nach Ende der Testzeit oder bei klar erkennbaren Störungen schon vorher. Oft sagen die Kinder auch: „Papa, du brauchst keine halbe Stunde, du brauchst eine ganze, weil du nach der halben Stunde immer noch total gestresst bist."

Peinlich, dass wir erst wieder lernen müssen, wie man vernünftig miteinander redet? Nein, ganz und gar nicht. Denn niemand hat es uns beigebracht und in der Gesellschaft wird es ständig falsch gemacht. Sie müssen dafür nur den Fernseher einschalten oder Ihrem Chef zuhören oder Ihren Kunden...

Lassen Sie keine Ablenkung zu

Unsere emotionalen Beziehungen (Familie, Partnerschaft, Freundschaft) sind sehr genügsam. Sie überleben und funktionieren notfalls auch mit nur einer gemeinsamen Stunde am Tag, sofern Sie in dieser kurzen Zeit (s. o.) entspannt sind, abschalten konnten und sofern Sie keine Ablenkungen zulassen, das heißt nebenher noch Zeitung lesen, Akten wälzen, TV schauen, am Auto herumbasteln... Das hört sich selbstverständlich an, ist es aber in der Praxis nicht. Normalerweise reden wir nämlich mit unseren Lieben, während wir Zeitung lesen oder TV schauen. Das kommt uns schon so normal vor, dass es uns überhaupt nicht mehr auffällt. Es stört jedoch die emotionale Bindung. Also lassen Sie's.

Machen Sie, was die anderen gern machen

Ist der Papa endlich mal zu Hause, dann rollt er mit den Kleinen das ganze Programm ab: Zoo, Eisessen, Kino, Basteln... Denn es gibt einiges aufzuholen, wenn Papa so selten daheim ist (dasselbe gilt für Mama, Partner, Partnerin, Freund, Freundin).
Nur weil Sie glauben, dass Kinder gern in den Zoo gehen, Partner gern essen gehen..., heißt das noch lange nicht, dass es auch die Kinder und der Partner glauben.

Beruhigen Sie Ihr schlechtes Gewissen nicht mit Alibi-Aktivitäten

> Fragen Sie Ihre Lieben erst, was sie denn gern unternehmen möchten.

Sie werden sehr erstaunt sein. Das ist gut. Denn es bedeutet, dass sich Ihre emotionale Beziehung jetzt vertieft und Ihre emotionale Bindung einen großen Schritt in Richtung Gleichgewicht getan hat.

Pflegen Sie Rituale

Sie brauchen nicht wahnsinnig viel Zeit mit der Familie, dem Partner, dem besten Freund zu verbringen, solange Sie Ihre Verbundenheit mit Ritualen zeigen. Sie brauchen Ihre Kinder nicht jeden Abend ins Bett zu bringen. Wenn die Kinder wissen, dass das zuverlässig zwei- bis dreimal pro Woche geschieht, sind sie ebenso glücklich. Ein ähnlich wirksames Ritual ist das gemeinsame Sonntagsfrühstück oder gemeinsam essen, einkaufen, kegeln, tanzen, Sport treiben..., was auch immer in Ihrem Leben zum Ritual taugt, also zur regelmäßig wiederkehrenden Aktivität.

Pflegen Sie gemeinsame Interessen

Beziehung, Freundschaft und Familie sollten eigentlich helfen, das innere Gleichgewicht zu wahren. Tatsächlich sind sie oft zusätzliche Stressfaktoren. Warum? Weil einen buchstäblich nichts verbindet – außer den gemeinsamen Kindern, dem Haus oder der Vergangenheit.

> Beziehungen stressen langfristig, wenn man keine echten gemeinsamen Interessen hat.

Gemeinsame Interessen fallen nicht vom Himmel. Sie wollen gesucht, gefunden und gepflegt werden. Klingt einleuchtend? Trotzdem handeln wir meist nicht danach. Was tun wir denn, wenn wir wirklich mal zehn Minuten Zeit für uns haben? Dann erzählen wir uns von unserem stressigen Tag, dem Ärger bei der Arbeit oder mit den Kindern. Das zählt nicht als gemeinsames Interesse, weil es nicht wirklich gemeinsam ist oder weil es Pflicht, kein Interesse ist.

Sprechen Sie Probleme zeitnah an

Nichts belastet eine Beziehung so sehr wie alter Ärger, den man mit sich schleppt. Verbringt man gar Zeit miteinander und spricht den Ärger nicht an, gerät die Beziehung zur Farce, die das emotionale Gleichgewicht empfindlich stört.

> Sprechen Sie offene Fragen so bald wie möglich an.
> „Du hast heute morgen gesagt… Das hat mich den ganzen Tag beschäftigt. Was genau hast du damit gemeint?"

Reden Sie regelmäßig über die Beziehung selbst

Wenn wir in den Beziehungen, die wichtig für unsere emotionalen Bindungen sind, miteinander reden, dann meist über die Arbeit, den nächsten Urlaub, Termine, die Kinder… Es gibt eine erschreckende Statistik, die besagt: Männer und Frauen in Beziehungen reden im Schnitt täglich insgesamt in Deutschland neun Minuten und in Amerika vier Minuten miteinander. Und dabei geht es meist um Termine: Wer bringt wann die Kinder wohin? Wann geht man mit wem zum Essen? Es ist klar, dass in dieser Sprachlosigkeit jede Beziehung und jede emotionale Bindung vor die Hunde geht. Tun Sie was dagegen.

> Reden Sie regelmäßig einmal pro Woche über die Beziehung selbst.

Machen Sie keine große Sache daraus. Einigen Sie sich einfach mit dem Partner auf eine ruhige Zeit, die Sie ganz für sich reservieren. Dann fragen Sie: „Wie geht's dir denn zur Zeit so mit uns?" Lassen Sie die letzten beiden Worte bitte nicht weg. Sonst redet doch wieder jeder über sich selbst und die Beziehung leidet weiter vor sich hin.

> Wenn irgend möglich, ritualisieren Sie diesen Dialog.

Das heißt: immer am selben Wochentag zur selben Zeit. Am Anfang ist das ungewohnt bis befremdlich – bis Sie merken, wie gut es Ihnen und der emotionalen Bindung tut. Dann werden Sie dieses Gespräch nicht mehr missen möchten.

Gilt das auch für Männer?

Falls Sie ein Mann sind oder mit einem in einer Beziehung leben, wissen Sie: Männer tun sich mehrheitlich schwer mit Gesprächen über eine Beziehung. Warum können viele Männer nicht über Beziehungen reden? Weil das auf sie bedrohlich wirkt: „Huch, wenn sie mit mir über unsere Beziehung reden will, dann haben wir wohl ein Problem? Habe ich wieder etwas falsch gemacht?" Für Männer ist es nötig, rein intellektuell zu erkennen:

> Nicht wer über eine Beziehung redet, hat ein Problem. Umgekehrt: Wer nicht über eine Beziehung redet, hat ein Problem.

Solange Sie über Ihre Beziehung reden (können), haben Sie keine Probleme oder können sie lösen. Noch so eine Männerfurcht: „Ich will nicht knietief in Emotionen waten!" Auch das ist ein typisch männlicher Irrtum, der sich durch Einsicht in Sekundenbruchteilen verflüchtigt:

> Frauen werden erst dann total emotional, wenn sie schon etliche Zeit Frust schieben.

Das heißt: Männer drücken sich so lange um ein emotionales Gespräch, bis der Frau emotional der Kragen platzt. Dann sagen

Männer: „Mit ihr kann man nicht reden. Sie wird immer gleich so emotional!"

Reden Sie regelmäßig über Ihre Beziehung. Dann wird es nie zu emotional.

Eine Beziehung ist wie eine Harley: Wenn Sie sie schmieren, bevor sie klopft, läuft sie wie geschmiert. Wenn Sie so lange warten, bis der Kolben klopft, wird es „total emotional".

Liebe reicht nicht

Mit der regelmäßigen „Wartung" von emotionalen Bindungen haben viele Menschen ihre Probleme. Eben weil die Bindungen so emotional sind. Viele sagen: „Aber sie/er liebt mich doch! Dann muss er/sie mich doch auch verstehen!" Dahinter steht die Illusion:

Wenn man sich nur genügend liebt, funktioniert jede Beziehung. Welch grandioser Irrtum.

Schön wär's ja. Leider zeigt die Erfahrung: Liebe ist wie eine Pflanze. Sie muss gegossen werden. Das Wasser ist die Kommunikation. Wird nicht kommuniziert, geht die Liebe schnell kaputt und man trennt sich oder lebt nebeneinander her. In unserer westlichen Zivilisation ist diese Erkenntnis gewöhnungsbedürftig. So gewöhnungsbedürftig, dass wir erst lernen müssen, miteinander zu reden. Das kann nämlich hier im Westen so gut wie keiner – weder Mann noch Frau. Aber man kann es lernen. In allen funktionierenden und emotional befriedigenden Beziehungen haben es die Partner gelernt.

Quality Time sollte verbindlich sein

Beziehung, Familie und Freundschaft hören dann auf zu stressen, wenn Sie ihnen Quality Time geben. Eines der wichtigsten Kriterien für diese wertvolle Zeit ist Verbindlichkeit: Manchmal darf eben nichts dazwischenkommen.
Wobei darf nichts dazwischenkommen? Bei

→ Geburtstagen
→ Hochzeitstagen, Jahrestagen
→ Schulaufführungen der Kinder
→ Meisterschaftsspielen der Kinder
→ beruflichen Veranstaltungen des Partners (bei denen er oder sie mit Partner erscheinen sollte)

darf einfach nichts dazwischenkommen. Wenn es in der Beziehung oder Familie kriselt, dann oft deshalb, weil Papa oder Beziehungspartner bei einem dieser großen Anlässe nicht präsent sein konnten. Da sind die Lieben nachtragend. Das hält man Ihnen noch in zehn Jahren vor. Also: Wahren Sie diese Termine. Zu diesen Anlässen kann man auch dem Chef sagen: „Tut mir Leid, mein Jüngster hat heute Abend Schulaufführung. Wenn ich da nicht erscheine, hängt der Haussegen schief." Wenn Sie befürchten, dass Ihren Chef das unbeeindruckt lässt, wechseln Sie langfristig den Chef oder sprechen Sie mit einem Coach. Möglicherweise eilen Ihre Befürchtungen lediglich der Realität voraus.

Passiert tatsächlich mal der Super-GAU und Sie können einen der großen Anlässe nicht wahrnehmen, dann leisten Sie überproportionale Wiedergutmachung.

Der sprichwörtliche Strauß Blumen taugt nicht, weil er auf den ersten Blick als „Drachenfutter" erkennbar ist und der emotionalen Verletzung nicht wirklich gerecht werden kann.

> Keine emotionalen Peanuts! Keine rein materielle Wiedergutmachung! Sondern: ehrliche, emotionale Entschuldigung mit Beteuerung, wie unsäglich Leid es Ihnen tut und dass es im Grunde keine Entschuldigung dafür gibt – plus erneute Terminvereinbarung.

Und wehe, diesmal kommt wieder etwas dazwischen. Dann ist der emotionale Schaden kaum mehr zu kitten. Wer nicht verbindlich ist, verliert seine Glaubwürdigkeit.

Muss das alles sein?

Wer nicht gerade ein Beziehungsprofi ist, dem werden die letzten Abschnitte möglicherweise anstrengend erschienen sein. Ich soll mich erst ausruhen, bevor ich heimgehen darf? Ich soll Rituale pflegen, große Termine verbindlich einhalten – und wenn nicht, dann zumindest großherzig Wiedergutmachung leisten? Ja wer bin ich denn, dass ich mich so auf den Kopf stellen soll? Wer schreibt mir das vor? Ich lasse mir doch in Bezug auf Familie, Beziehung und Freundschaft keine Vorschriften machen!
Das ist eine verbreitete Einstellung. Für viele Menschen ist es zum Beispiel selbstverständlich, dass man im Beruf Zusagen verbindlich einhält (sonst rotiert der Chef oder der Kunde droht mit Konventionalstrafe). Aber privat? Dienst ist Dienst und Schnaps ist Schnaps. Das heißt, privat gelten doch wohl andere Regeln! Es ist gerade das Schöne am Privatleben, dass es nicht so bierernst zugeht wie im Beruf! Sicher ist es angenehm, privat fünfe auch mal grade sein zu lassen – leider funktioniert die Balance so nicht!

Wenn Sie dem besten Freund zugesagt haben, ihm bei seinem Umzug zu helfen, und ihn dann kurzfristig hängen lassen, weil etwas Geschäftliches dazwischenkommt, wird dieser Freund mörderisch sauer auf Sie sein. Da nützt es Ihnen herzlich wenig, ihn daran zu erinnern, dass man privat nicht alles so bierernst sehen sollte. Sie können von Glück sagen, wenn er Ihnen die Freundschaft nicht aufkündigt.

Balance, Glück, Zufriedenheit und ein ausgeglichenes Leben sind machbar – wenn Sie etwas dafür tun.
Sie können nicht einerseits fordernd und unklar mit Ihrer Familie kommunizieren (s. o. Abschnitt „Quality Time") und andererseits ein emotionales Gleichgewicht erwarten. Das passt nicht zusammen. Das ist einfach naiv. Naivität ist möglicherweise eine Tugend. Doch in die Balance kommen Sie damit nicht.

In Balance sein heißt auch: im Einklang sein mit den Personen und Dingen, die Sie umgeben.

Verwechseln Sie Genuss nicht mit Balance

Und das können Sie nicht, wenn Sie Sachen, die anderen sehr ernst sind, selbst nicht ernst nehmen. Man kann gut und gern privat unverbindlich sein und das auch genießen. Das ist ohne jede Frage oft ein überragender Genuss. Aber man kann dabei nicht erwarten, in Balance mit seinen emotionalen Bedürfnissen zu sein. Denn die Frage ist: Wie lange machen das die anderen mit, bevor sie Ihnen aufs Dach steigen?
Genuss ist eine schöne Sache. Leider ist Genuss nicht immer ohne Folgen. Oft zieht er einen Katzenjammer nach sich, wenn zum Beispiel der beste Freund sauer auf Sie ist, weil Sie sich den Genuss geleistet haben, ihm seine Freundin auszuspannen. Balance ist Genuss ohne Reue. Sie müssen wegen der Balance nicht auf Genuss (mit Katzenjammer) verzichten. Schlagen Sie ruhig hin und wieder kräftig über die Stränge. Aber glauben Sie nicht, dass dieser Genuss Ihr Leben ins Lot bringt. Genau das glauben

nämlich viele Menschen und wundern sich, dass sie trotz so viel Genuss immer noch unzufrieden sind – nicht trotz, sondern wegen des Genusses.
Genuss ist eine schöne Sache. Balance ist schöner. Wenn Sie es einmal erlebt haben, werden Sie es nachempfinden können.

Das Rollenproblem: Beruflich sind Sie wer, wer sind Sie privat?

Nehmen Sie Ihre private Rolle bewusst wahr

Warum mussten wir im letzten Abschnitt so lange über eigentlich so Selbstverständliches diskutieren wie: Welchen Anforderungen muss Quality Time genügen? Wie rede ich mit meiner Familie? Weil wir der Disbalance unserer emotionalen Bindungen nahezu hilflos ausgeliefert sind: Niemand hat uns darauf vorbereitet. Um ein Auto fahren zu dürfen, mussten wir einen Führerschein machen. Kinder, Partner und Freund dürfen wir auch ohne führen. Das rächt sich. Es rächt sich, indem diese Bereiche in die Disbalance rutschen.
Woher kommt dieses Problem? Vom mangelnden Training. Unsere berufliche Rolle üben wir täglich acht bis zehn Stunden, besuchen Weiterbildungen, lesen Fachliteratur. Unsere private Rolle hat uns keiner beigebracht – weder die Erziehung noch die Schule oder die Gesellschaft. Wir sind sozusagen ohne Führerschein unterwegs. Kein Wunder, dass wir ständig von der Straße fliegen.
Der Rollenwechsel Beruf/Privatleben fällt vielen schwer. Wie können Sie ihn besser bewältigen, damit Sie das Ungleichgewicht in diesem Bereich in den Griff bekommen? Ganz einfach:

> Sie bekommen den Rollenwechsel in den Griff, indem Sie sich ganz bewusst mit ihm auseinander setzen.

Stellen Sie sich triviale Fragen. Triviale Fragen sind eines der besten Mittel, um Probleme jedweder Art zu lösen. Fragen Sie sich zum Beispiel:

- Was heißt es, Vater (Mutter, Partner, bester Freund, beste Freundin) zu sein?
- Welche (Vater- Mutter- …)Rolle kenne ich und habe sie unbewusst übernommen?
- Was erfordert im Gegensatz dazu die Situation von mir? Das heißt, was erwarten Partner, Kinder, Freunde tatsächlich von mir?
- Welchen Erwartungen werde ich gerecht?
- Welchen werde ich nicht gerecht?
- Warum nicht? Was hindert mich daran?
- Wie kann ich diese Hindernisse beseitigen?
- Wann fange ich damit an?

Werden Sie Ihrer Rolle gerecht

Möglicherweise ist Ihnen eben eine erfreuliche Parallelität aufgefallen: Diese ganz bewusste Herangehensweise an die privaten Rollenerfordernisse entspricht vollkommen der beruflichen Herangehensweise an Aufgaben und Probleme:

- Situationsanalyse: Was wird von mir erwartet?
- Welche Ressourcen brauche ich, um diese Erwartungen zu erfüllen?

Das heißt: Für Ihre privaten Rollen als Vater oder Mutter, als Partner oder Partnerin, als bester Freund oder beste Freundin müssen Sie nichts wirklich Neues lernen. Sie können das schon. Sie können das, was Sie täglich im Beruf so automatisch machen, dass Sie gar nicht mehr bewusst daran denken müssen, 1:1 auf den privaten Bereich übertragen, damit Sie den Rollenerwartungen gerecht werden und letztendlich Ihre emotionalen Bindungen wieder ins Gleichgewicht bringen.

Was jedoch machen Sie, wenn Sie feststellen, was häufig der Fall sein wird, dass Sie Ihren privaten Rollen als Vater, Mutter, Partner, Freund(in) eben (noch) nicht gerecht werden? Eine Schulung besuchen, wie Sie das im Beruf machen würden? Dazu muss der Leidensdruck schon sehr groß sein. So weit sollten Sie es nicht kommen lassen. Literatur zum Thema lesen? Dafür haben die meisten keine Zeit oder keine Lust oder beides. Dann bleibt nur noch Learning by Doing.

Learning by Doing

Haben Sie schon einmal den Ausdruck gebraucht oder gehört, dass jemand in die Vaterrolle hineingewachsen ist? Das kann man durchaus. Auf Neudeutsch heißt das dann Learning by Doing. Seien Sie einfach ganz bewusst ein Vater, eine Mutter, ein bester Freund – und bald schon werden Sie ein guter Vater, eine gute Mutter sein. Das funktioniert. Manche behaupten sogar, dass es die einzige Möglichkeit sei, eine Rolle wirklich gut zu lernen: Man muss hineinwachsen.

Wenn das so einfach ist, warum gibt es dann nicht mehr gute Väter, Mütter, Freunde? Weil viele eben genau das nicht machen: Sie lernen nicht beim Tun. Sie lernen nicht, weil sie stattdessen unbewusste Perfektionsansprüche hegen: „Ich muss der perfekte Vater, die perfekte Mutter, der perfekte Freund sein." Das kann niemand. Außerdem erwartet das auch niemand von Ihnen. Aber alle erwarten von Ihnen, dass Sie denselben Fehler in der emotionalen Bindung nicht fünfmal machen. Das bedeutet Learning by Doing.

> Learning by Doing: Achten Sie einfach auf die Signale, auf die Erwartungen aus Ihren emotionalen Bindungen. Was erwarten die Menschen von Ihnen? Entwickeln Sie Verhaltensweisen, um diese Bedürfnisse zu befriedigen, und beobachten Sie, wie das ankommt. Dann verbessern Sie sie gegebenenfalls oder entwickeln neue Verhaltensweisen.

Schon nach wenigen Wochen werden Sie Ihr Angebot so weit optimiert haben, dass Ihre Beziehungskunden sehr zufrieden sein werden. Sie sind in die Rolle hineingewachsen. Und in dem Maße, wie Sie in Ihre privaten Rollen hineinwachsen, kommen Ihre emotionalen Bindungen ins Gleichgewicht.

Das ewige Schuldgefühl: Ich bin nicht gut genug

Unrealistische Erwartungen

Was die emotionalen Bindungen in Beziehung, Familie oder Freundschaft anlangt, so tragen die meisten Berufstätigen mehr oder weniger ständig ein schlechtes Gewissen mit sich herum: Ich bin nicht gut genug als Vater, Mutter, Freund(in). Dieses schlechte Gewissen ist oft auch für die Flucht an den Arbeitsplatz verantwortlich: Man macht gern Überstunden, weil man sich nicht nach Hause traut.

Woher kommt dieses schlechte Gewissen? Es kommt nicht etwa daher, dass die meisten Berufstätigen tatsächlich schlechte Väter, Mütter, Freunde wären, sondern

→ von unrealistischen eigenen Erwartungen
→ von unrealistischen fremden Erwartungen

Eigene Erwartungen relativieren

Viele Berufstätige erwarten von sich ganz unbewusst und selbstverständlich, dass sie im Beruf ihre Frau oder ihren Mann stehen, den vielfältigen gesellschaftlichen Verpflichtungen nachkommen und ganz nebenbei auch noch die perfekte Mutter, der perfekte

Das ewige Schuldgefühl: Ich bin nicht gut genug

Vater, der perfekte beste Freund sind. Das heißt zehn Stunden Arbeit, sechs Stunden für die Familie, vier für den Partner, eine Stunde für die eigene geistige und spirituelle Entwicklung – ergibt drei Stunden Schlaf pro Nacht. Das ist schlicht unmöglich.

> Machen Sie sich Ihre eigenen Erwartungen an Ihre privaten Rollen bewusst: Was erwarten Sie eigentlich von sich selbst?

Notieren Sie diese Erwartungen am besten schriftlich. Denn Erwartungen sind meist unbewusst. Wenn Sie nur über sie nachdenken, besteht die große Gefahr, dass sie nicht ausreichend aus dem Unbewussten herausgerückt werden und Ihnen die Erwartungen eigentlich ganz normal erscheinen. Erst wenn Sie sie schriftlich formulieren, fällt Ihnen auf, wie überzogen, utopisch und vor dem Hintergrund Ihrer aktuellen beruflichen Situation unrealistisch diese Erwartungen sind.

> Machen Sie am besten eine Liste mit zwei Spalten, in der Sie jeder unrealistischen Erwartung die entsprechende realistische Erwartung gegenüberstellen.

Fragen Sie sich also: Was kann ich realistischerweise von mir selbst erwarten? Welche Erwartungen kann ich realistisch betrachtet tatsächlich erfüllen? Werfen Sie einen klaren, ungetrübten Blick auf die Gegebenheiten und fragen Sie sich: Was kann ich in der gegebenen Zeit und unter Berücksichtigung meiner anderen Verpflichtungen überhaupt tun?

Tun Sie nicht so viel, wie Sie von sich erwarten, sondern so viel, wie möglich ist

> Machen Sie nicht viel, aber machen Sie es gut. Petra, alleinerziehende, berufstätige Mutter, schreibt in die erste Spalte zum Beispiel Folgendes: „Ich erwarte, dass ich nach einem anstrengenden Arbeitstag trotzdem gut gelaunt nach Hause zu den Kindern komme und mich mit Elan in alles stürze, was sie machen möchten." In die Spalte daneben trägt sie die entspre-

> chende realistische Erwartung ein: „Was möglich ist: Wenn ich abends einfach zu fertig bin, rede ich mit den Kindern. Sie sind nicht dumm. Dann einigen wir uns auf etwas, was nicht so anstrengend wie Fußballspielen oder im Garten herumtollen ist. Es ist nicht so wichtig, was wir machen. Hauptsache, wir machen etwas gemeinsam."

So weit zu den eigenen Erwartungen. Was ist mit den Erwartungen, die an Sie herangetragen werden?

Fremde Erwartungen relativieren

Wenn die Kinder zum Beispiel tatsächlich erwarten, dass Sie abends frisch wie der junge Morgen auf der Matte stehen und mit Ihnen herumtollen, Sie aber mit den Nerven völlig fertig sind – was machen Sie dann? Die meisten machen sich ein schlechtes Gewissen (= Stress = Disbalance). Sie fühlen die Erwartungen der Kinder, Partner, Freunde und können ihnen nicht gerecht werden, was automatisch das schlechte Gewissen wachruft. Das ist eine reflexhafte Reaktion, die Sie durch die folgende Erkenntnis abstellen können:

> Nicht jede von außen an Sie herangetragene Erwartung ist berechtigt oder gar realistisch.

Das leuchtet ein – warum fällt Ihnen das nicht ein, wenn wieder einmal unrealistische Erwartungen an Sie herangetragen werden? Weil alles gegen Sie spricht. Werbung, Zeitgeist und die veröffentlichte Meinung suggerieren, dass ein normaler Mensch heutzutage alles mit links unter einen Hut bringen muss: beruflich erfolgreiche Frau, perfekte Mutter und erotische Partnerin – und charmante Gastgeberin. Ernährer der Familie, perfekter Vater und feuriger Liebhaber – und für den Umweltschutz engagiert!

Das ist einer der absurdesten Mythen unserer Leistungsgesellschaft schlechthin – jenseits jeder Realität wie James Bond: So einen Kerl gibt es einfach nicht! Man kann nur im Film über Wasser wandeln. Im wirklichen Leben kann das keiner – auch wenn die Zeitschriften und TV-Sendungen das Gegenteil behaupten. Sie tun das nicht, weil es wahr wäre, sondern weil es sich (derzeit noch) gut verkauft.

> Akzeptieren Sie fremde Erwartungen niemals in Bausch und Bogen. Prüfen Sie stets, ob sie überhaupt realistisch sind.

Machen Sie sich das ebenso zur Angewohnheit, wie Sie sich bislang angewöhnt hatten, der perfekte Alleskönner und künftige Nobelpreisträger sein zu wollen.

> Überprüfen Sie jede Erwartung: Was wird von mir erwartet? Und was kann und/oder möchte ich leisten?

Die Differenz zwischen beidem machen Sie dann zum Thema in einem Gespräch mit den Erwartungsträgern. Wie Sie diese Differenz so kommunizieren, dass Harmonie gewahrt und Verständnis erzeugt wird, wissen Sie inzwischen.

Hart im Büro, weich zu Hause

Dass die emotionalen Bindungen in Disbalance sind, liegt auch daran, dass viele Berufstätige mit der Emotionalität in Beziehung, Familie und Freundschaft nicht zurechtkommen. In der heutigen Berufswelt darf man oft keine Emotionen mehr zeigen. Wer emotional wird, wird als Softie, Weichei oder Heulsuse stigmatisiert. Daheim sitzt dann die Partnerin schniefend auf dem Sofa und wünscht sich eine hochemotionale Hinwendung. Oder der Partner tobt durchs Wohnzimmer und braucht eine Partnerin, die ihn durch seine Wut begleitet – doch die dafür nötige emotionale Reaktion hat sie sich beruflich abgewöhnt. Der Beruf ist sachlich, die Beziehung emotional. Der Beruf ist logisch, das Privatleben eher psychologisch. Diese radikale Umstellung schaffen viele nicht.

Man kann sie jedoch schaffen, indem man sich ganz bewusst mit ihr auseinander setzt, sich beim Wechsel vom Beruf ins Privatleben am besten laut vorsagt, dass jetzt ein Wechsel des Innenlebens gefragt ist. Mit ein wenig Übung und Aufmerksamkeit läuft die Umstellung immer besser.

Bei vielen Berufstätigen ist die Emotionalität so stark verschüttet, dass eine emotionale Reaktion kurzfristig unmöglich oder stark eingeschränkt ist. Wenn nichts geht, geht immer noch: drüber reden. Das ist besser als Schweigen. Reden hilft. Erstens hilft es dem Partner, den Kindern und Freunden und zweitens hilft es einem selbst, die lange verschüttete Emotionalität wieder freizulegen. Emotionalität ist kein Talent, das vom Himmel fällt. Man kann sie sich erwerben.

Im Beruf die große Vorgesetzte, daheim das brave Mädchen

Viele Frauen sind beruflich sehr erfolgreich – doch ihr Privatleben hinkt dieser Entwicklung hinterher und verursacht dadurch eine Disbalance, weswegen sie sich auch über die beruflichen Erfolge nicht richtig freuen können. So sind viele Frauen im Beruf stark, eigenständig, selbstbestimmt, während sie daheim in die Rolle des braven Mädchens zurückfallen. Im Beruf verantworten sie ein Investitionsbudget über 500 000 Euro eigenständig, während sie daheim wegen 50 Euro für eine Nachtcreme Zoff mit dem Partner bekommen: „War das nötig?" Darauf rechtfertigt sie sich wie ein kleines, ertapptes Mädchen – anstatt wie im Beruf dem Meckerer zu sagen, dass er sich zu viel herausnimmt. Privat fallen viele Frauen in eine Rolle, die sie nicht haben wollen, in die Rolle einer Abhängigen.

> Die erste Lösung für diese Disbalance ist: Grenzen setzen, darüber reden, verhandeln (s. o. Abschnitt „Wie rede ich offen und ehrlich mit anderen?"). Viele Männer spielen nicht bewusst den Pascha, sondern übernehmen einfach unbewusst Rollenstereotypen ihrer Väter. Ein vernünftiges Gespräch hat schon manchen Mann rasch davon abgebracht.
> Bringt das Gespräch nichts, weil manche Männer eben nicht auf die Pascharolle verzichten können oder möchten, hilft nur, die Beziehung zu beenden oder sich eben mit der Pascharolle abzufinden.

Sprachlosigkeit

Wir haben uns nichts mehr zu sagen

Emotionale Bindungen sind auch deshalb oft in Disbalance, weil man sich irgendwann nichts mehr zu sagen hat. Die Sprachlosigkeit setzt ein. Viele erschrecken dann sehr und schlussfolgern: „Die Liebe ist erloschen!" Das ist ein Fehlschluss. Liebe und Kommunikation sind zwei unterschiedliche Dinge, auch wenn sie ständig verwechselt werden und auch eng zusammenhängen.

> Dass Sie jemanden lieben, heißt noch lange nicht, dass Sie unerschöpflichen Gesprächsstoff gemeinsam haben, wie auch der Umstand, dass Sie stundenlang mit jemandem reden können, nicht automatisch heißt, dass Sie ihn lieben.

Gesprächsthemen sind keine Gottesgeschenke – man sollte sie erarbeiten

In der Regel ist eher das Gegenteil der Fall. Wenn wir unsere Partner danach aussuchen würden, mit wem wir besonders gut reden können, dann hätten wir das Problem der Sprachlosigkeit in Beziehung und Familie nämlich nicht. Die Sprachlosigkeit beruht also nicht auf so weltbewegenden Gründen wie dem Erlöschen einer Liebe. Sie beruht auf einem viel trivialeren Grund: der Thematik. Die Themen sind uns ausgegangen.

Neue Themen suchen

Es ist schön, wenn man jemanden trifft, mit dem man stundenlang reden kann. Doch das ist nicht die Regel, es ist die Ausnahme. In der Regel müssen wir Gesprächsthemen ganz bewusst und mit etwas Aufmerksamkeit suchen. Denn nicht immer und unbedingt kommen Themen von allein auf uns zu. Entdecken Sie Gesprächsstoff neu. Fragen Sie sich und idealerweise den anderen (egal, ob Partner, Kinder, Freunde):

- ➜ Worüber haben wir früher geredet?
- ➜ Sind diese Themen alle erschöpft?
- ➜ Wo können wir den Faden wieder aufnehmen?
- ➜ Welches können gemeinsame neue Themen sein? Gemeinsame Bekannte, Hobbys, Kinder, Sport, Tagesgeschehen, Politik …?
- ➜ Auf welche Themen können wir uns einigen? Sie will nicht über Fußball reden, er nicht über Tai-Chi – worüber wollen beide reden?

Bitte keine Langweiler-Themen!

Es gibt bei emotionalen Bindungen, die aus der Balance sind, noch eine andere Art der Sprachlosigkeit: den Monolog. Viele Berufstätige reden eben immer, wenn sie mit Freunden, Familie oder Partner sprechen, über den Beruf. In der Regel langweilt das tödlich. Das ist an sich schon ein Zeichen für eine Disbalance: Man hat über den Beruf hinaus nichts, worüber man reden könnte. Gibt es in Ihrem Leben noch andere Themen als den Beruf?

> Falls nicht: Erweitern Sie Ihren Horizont! Legen Sie sich neue Interessen und damit Themen zu. Falls Ihnen das zu viel Aufwand ist oder aus einem anderen Grund nicht liegt, wenden Sie einen Trick der professionellen Small Talker an:
> Wenn Sie über das reden, was andere interessiert, haben Sie immer etwas, worüber Sie reden können und worüber vor allem andere gern mit Ihnen reden werden.

Auf diese Weise erfahren Sie auch etwas über Ihre Partner in den emotionalen Bindungen, Sie können gemeinsame, verbindende Interessen entdecken und pflegen. Das schafft eine neue Gemeinsamkeit und rückt die emotionale Bindung wieder näher ans Gleichgewicht. Bezeichnend ist, dass viele Väter, Partner und Freunde überhaupt nicht wissen, was den anderen wirklich interessiert. Finden Sie es heraus.

Sie müssen diese Themen nicht interessant finden. Welcher Vater interessiert sich wirklich für die Backstreet Boys oder die No Angels? Sie sollten lediglich mitreden können. Also demonstrieren Sie nicht Ignoranz: „Wie heißen die? Backstreet Boys?", sondern zeigen Sie Interesse: „Hast du ihre neue CD? Kann ich mal auf der Fahrt ins Büro reinhören?"

Hören Sie den anderen einfach zu und fragen Sie nach

Viele Väter, Mütter, Partner und Freunde bringen so viel Interesse nicht auf. Sie erwarten unbewusst, dass Kinder sich für ihre Eltern interessieren und ihnen vor allem 24 Stunden am Tag dankbar sind. Diese Erwartung ist sehr verbreitet und ein echter Balancekiller.

> Wer zu stark auf sich bezogen ist, erfährt die Freuden der Egomanie, bekommt jedoch sein Leben nicht ins Gleichgewicht.

Denn Gleichgewicht bedeutet nicht nur, mit sich selbst im Reinen zu sein, sondern auch mit wichtigen anderen (was die Amerikaner bezeichnenderweise Significant Others nennen) im Einklang zu leben. Daher sollten Sie sich in einer ruhigen Minute der inneren Einkehr fragen: Möchte ich als Vater, Mutter, Partner, Freund angebetet und verherrlicht werden (alle dürfen sich immer nur für Sie interessieren)? Oder möchte ich lieber in Harmonie mit mir, anderen und dem Universum an sich leben? Wohlgemerkt: Es gibt darauf keine falsche oder richtige Antwort. Wenn Sie es einfach nicht über sich bringen, die Kochkurse Ihrer Partnerin gesprächswürdig zu finden, dann ist das für Sie zumindest hier und heute auch okay. Vielleicht gibt es speziell für Sie wichtigere Dinge als das emotionale Gleichgewicht.

Was macht Ihr Sexualleben?

Was wollen Sie wirklich?

„Überstunden sind ein echter Erotikkiller", meinen etliche unserer Coaching-Teilnehmer beiden Geschlechts. Männer sind da unverblümter: „Wer zu viel arbeitet, bringt's im Bett nicht – oder die Partnerin hat keine Lust mehr." Das sieht auf den ersten Blick wie eine besonders heikle Disbalance aus: viel Arbeit – wenig Sex! Doch der erste Blick kann täuschen. Fragen Sie sich: Macht mir das arbeitsbedingt eingeschränkte Sexleben wirklich etwas aus?
Müssen oder wollen Sie wirklich wie damals mit 20 Jahren jeden Abend Sex haben? Oft ist die Disbalance nur vom Zeitgeist eingeredet. Denn in Zeitschriften und Filmen wird uns vorgemacht, dass man und frau immer und überall können, wollen und es brauchen. Das ist irrelevant. Die Frage ist eher: Wollen Sie's?
Wer keinen Sex haben will oder stressbedingt haben kann, kann immer noch zärtlich sein. Das hat nichts mit einer zweitbesten Lösung zu tun. Das hat lediglich etwas mit Ihren Präferenzen,

Ihrem ganz persönlichen Gleichgewicht zu tun: Was brauchen Sie wirklich, um im Lot zu sein? Das entscheiden nur Sie. Tun Sie's – und lassen Sie sich nicht von der Unterhaltungsindustrie die Taktzahl Ihres Sexuallebens diktieren. Stellen Sie sich triviale Fragen:

→ Was wollen Sie sexuell wirklich, wann, wie oft, wie intensiv, mit wem?
→ Womit sind Sie glücklich?
→ Womit ist Ihr Partner glücklich?

Wenn er nicht kann und sie nicht will

Räumen Sie bei dieser kleinen Übung auch gleich missverstandene Erwartungen aus. Viele Männer haben zum Beispiel nur deshalb ein schlechtes Gewissen: „Ich komme total erledigt heim und sie hat Lust auf Sex!" Das ist in der Regel ein Missverständnis. Sie will keinen Sex, sie will möglicherweise Nähe, Zärtlichkeit, Gemeinsamkeit, Körperkontakt, Aufmerksamkeit oder, wie Jacqueline Bisset es einmal ausdrückte, „die Wärme eines menschlichen Körpers spüren". „Ein echter Mann kuschelt doch nicht!" Irrtum. Wenn ein Mann nicht kuschelt, ist er kein echter Mann. Ein echter Kerl kann das. Ein echter Kerl kann Nähe geben.

Ein anderes Problem, das beim Coaching häufig zur Sprache kommt: Er kann selbst nach zwölf Stunden Arbeitsstress – aber sie möchte nicht. Oft genau deshalb: Sie spürt, dass er sich nur den Arbeitsstress abreagiert. Die Nähe fehlt. Dies eröffnet das Dilemma: Schneller, überhasteter Sex und danach eine private Disbalance, weil die Partnerin sauer ist? Oder zunächst einmal kühle Gedanken denken und die Nähe wiederherstellen? Wer jemals Sex in der Balance hatte, hat mit dieser Entscheidung kein Problem.

Nähe vor Sex

Erst einmal miteinander reden. Nähe ist keine Sache von Stunden, sondern von Gesprächsqualität. Wenn Sie schon miteinander reden: Räumen Sie auch gleich schwelende Konflikte und offene Fragen aus. Denn auch diese vermiesen oft die Lust am Sex.

Davor abschalten

Viele Berufstätige haben kaum mehr ein Sexualleben, weil man im Bett wenig Spaß hat, wenn einem dabei ständig die Arbeit im Kopf herumspukt. Abschalten tut Not. Wie?
Das finden Sie am besten selbst heraus. Zwar geben viele Ratgeber viele Tipps zum Abschalten. Doch diese haben ein Problem: Sie wirken nicht bei jedem. Es gibt kein Rezept, das jedem hilft. Denn bei jedem Menschen sieht das Gleichgewicht anders aus. Es ist eben so individuell wie der eigene Fingerabdruck. Finden Sie selbst heraus, wobei Sie abschalten können. Bismarck zum Beispiel machte Spaziergänge. Georg Büchner hätte dabei nicht abschalten können, weil er beim Spazierengehen oft am intensivsten denken musste. Hierbei erkennen wir das Universalprinzip der Balance wieder: Was Sie ins Gleichgewicht bringt, wissen allein Sie.
Denn nur Sie wissen, bei welcher (seltsamen) Tätigkeit Sie abschalten können. Das heißt: Sie wissen das nicht. Das wissen nämlich nur die wenigsten Menschen ad hoc. Die meisten müssen es erst herausfinden. Wie? Durch Versuch und Irrtum.

Franka sagt: „Nach dem Büro konnte ich einfach nicht abschalten. Mein Partner fragte ständig: ‚Wieder Migräne, was?' Ich habe wirklich alles versucht, um abzuschalten. Baden, Putzen, Singen. Nichts half wirklich. Beim 14. Versuch fand ich eher zufällig heraus, dass ich nach fünf Minuten Kreuzworträtsel mit keinem Gedanken mehr an die Arbeit denke." Kreuzworträtsel? Was soll's – wenn's hilft!

Zurück zu den Singles

Mit den Singles haben wir das Kapitel begonnen. Mit den Singles beenden wir es, indem wir einige Punkte noch einmal aufgreifen, vervollständigen und ergänzen.

Es herrscht zwar immer noch das Klischee, dass einem ohne Partner etwas zum Leben fehlt. Das Klischee wird einem seltener von der Umwelt präsentiert: „Junge, wann heiratest du denn endlich?" Das hört man kaum noch. Dafür haben erschreckend viele Singles dieses Klischee verinnerlicht (internalisiert) und halten es sich in Form einer Erwartung selbst vor oder haben infolgedessen ein tief verwurzeltes, ungutes Gefühl über das Alleinsein, was sich auch an der Sprache zeigt: „Ich bin gerade ohne." Ohne was? Ohne Fahrrad? Wozu braucht ein Fisch ein Fahrrad?

> Wer keinen Partner hat und sich deshalb minderwertig oder einfach nur schlecht fühlt, sollte dieses ungute Gefühl ganz schnell vergessen.

Es gibt nämlich nicht den geringsten Grund dafür. Paradox: Die emotionale Disbalance bei vielen Singles wird nicht durch das Fehlen eines realen Partners verursacht, sondern durch die fixe Idee, man könne nicht ohne leben. Deshalb schnellt die emotionale Disbalance vieler Singles in Seminar und Coaching schon allein dadurch mit großem Sprung in Richtung Gleichgewicht, sobald sie einsehen, dass ihnen kein Partner fehlt, sondern ganz einfach die Befriedigung bestimmter emotionaler Grundbedürfnisse. Und dafür braucht nun wirklich niemand einen Partner. Wer sich als Single mit in Beziehungen Gebundenen unterhält, stellt oft genug fest, dass der Partner ihre emotionalen Bedürfnisse gerade nicht befriedigt. Oder wie eine Bekannte unlängst sagte:

„Als ich Single war, dachte ich oft, dass ich einsam sei. Wenn ich jetzt mitten in der Nacht in Panik aufwache, weil ich mir Sorgen über etwas mache und mein Partner sich mit den Worten umdreht ‚Schlaf erst mal drüber!', dann weiß ich erst, was Einsamkeit ist."

Die Befriedigung emotionaler Bedürfnisses hat mit einem Partner zunächst einmal nichts zu tun. Das heißt nicht, dass einem der Partner generell emotional nicht das geben kann, was man von ihm erwartet. Das heißt lediglich, dass ein Partner nicht die einzige und leider meist nicht die beste Möglichkeit zur emotionalen Befriedigung ist. Andere oft viel besser geeignete (und vor allem teilweise schneller und einfacher zu ersetzende) Quellen emotionaler Nahrung sind:

➔ Beste Freunde: Diese sind handverlesen und eben besser als die Freunde, die wir in Kapitel 3 (soziale Kontakte) betrachtet haben.
➔ Die Herkunftsfamilie: Schließlich kennen uns die eigenen Familienangehörigen oftmals besser als jeder Partner. Eltern, Geschwister, Cousins, Onkel, Tanten ... sind reelle Möglichkeiten für emotionale Bindungen. Mit wem in Ihrer Herkunftsfamilie können Sie besonders gut? Welche Beziehung ist ausbaufähig?
➔ In diesem Zusammenhang hervorzuheben sind Patenkinder. Wer jemals das Vergnügen einer Patenrolle genoss, wird sich über emotionale Bindungen kaum mehr Gedanken machen müssen. Hieran sieht man auch sehr schön ein weiteres Universalprinzip der Balance: Von nichts kommt nichts. Wer den emotionalen Gewinn einer Patenschaft möchte, muss sich möglicherweise als Pate antragen, aber auf jeden Fall die Patenschaft aktiv wahrnehmen. Das fordert Zeit und Nerven. Aber es gibt einem emotional etwas, was man oft genug nicht einmal bei den eigenen Kindern erleben kann (weil man die ständig am Hals hat ...).

- → Wer sich bemüht, kann auch aus besonders guten Kollegen Freunde machen, mit denen eine emotionale Bindung möglich und fruchtbar ist.
- → Haus- und andere Tiere sind hervorragende Partner für eine emotionale Bindung. Darüber lächeln kann wirklich nur einer, der noch nie auf dem Rücken eines Pferdes durch das fallende Laub eines Herbsttages galoppiert ist. Man sagt auch, der Hund sei der beste Freund des Menschen. Es gibt Freundschaften, die sind ohnehin nur zwischen Mensch und Tier möglich. Welcher Freund sitzt schon Tag und Nacht am Grab eines verstorbenen Freundes und verweigert jede Nahrung? Treue Hunde tun das. Außerdem hat noch kein Hund gesagt: „Tut mir Leid, es kam mir geschäftlich etwas dazwischen."
- → Ehrenamtliche Tätigkeiten sind seltsamerweise, wenn sie weise gewählt werden, emotional oft sehr viel ergiebiger als Beziehungen. Weshalb, glauben Sie, wählen so viele Frauen von Managern ein Ehrenamt? Sicher nicht, um sich vor der emotionalen Fülle ihrer Beziehung zu retten.

Gewiss: Keine einzige dieser emotionalen Quellen klopft morgen an Ihre Wohnungstür. Aber erstens tun das meist auch Beziehungen nicht und zweitens gilt das für die gesamte Balance: Wer selbst aktiv wird, wird mit Balance belohnt.
Wenn Sie sich aus den eben skizzierten Quellen das holen, was Sie emotional zum Leben brauchen, werden Sie künftig kaum einen Gedanken an eine herkömmliche Beziehung verschwenden. Denn es fehlt Ihnen nichts mehr. Es kommt nicht darauf an, woher Sie sich das holen, was Sie sich emotional wünschen. Es kommt allein darauf an, dass es Ihnen gut geht. Tut es das, ist alles andere egal.

Emotionale Autonomie

Jeder Mensch hat emotionale Bedürfnisse. Wenn er beim Beziehungspartner oder in der Familie nicht emotional das bekommt, was er zum Leben braucht, weil er Single ist oder weil Partner und Familie emotional unergiebig sind, holt er sich die emotionale Bindung eben aus anderen engen Beziehungen. Es gibt neben diesen beiden Arten von emotionalen Quellen jedoch noch eine dritte: Jeder Mensch kann seine emotionalen Bedürfnisse selbst stillen.

Die Schauspielerin Veronica Ferres sagte Ende der 90er Jahre nach einer in die Brüche gegangenen Beziehung: „Ich lerne erst langsam, mich selbst aufzufangen."

Dieser Satz ist umso bemerkenswerter, da wir in der Regel davon ausgehen, dass wir einen anderen Menschen brauchen, der uns auffängt. Eben einen Beziehungspartner, einen guten Freund oder ein Familienmitglied.
Diese Annahme stimmt jedoch nicht. Es ist schön, wenn andere uns auffangen, doch wir können es auch selbst. Das funktioniert nicht nur mit dem Auffangen, sondern mit allen menschlichen emotionalen Bedürfnissen.

Eine unserer Seminarteilnehmerinnen sagte, nachdem sie gefragt worden war, ob sie ihre besonders schöne Halskette von ihrem Freund geschenkt bekommen habe: „Wenn ich mich down fühle, dann mache ich mir selbst eine Freude und kaufe mir etwas Schönes. Dazu brauche ich doch nicht meinen Freund! Ich kann auch selbst nett zu mir sein."

Wer sich seine emotionalen Bedürfnisse selbst erfüllen kann, verfügt über emotionale Autonomie. Wir erkennen Menschen mit dieser Fähigkeit daran, dass sie auch längere Zeit gut und gern mit sich allein verbringen können, weil sie ihre eigene Gesellschaft schätzen und gut mit sich selbst zurechtkommen. Sind das Einsiedler? Nein. Sie schätzen die Gesellschaft anderer sehr, sind jedoch nicht traurig oder auf der verzweifelten Suche, wenn sie vorübergehend niemanden haben, der sie in den Arm nimmt, der sich mit ihnen freut oder die Anerkennung gibt, die Menschen zum Leben brauchen.

Das heißt nun nicht, dass Sie auf emotionale Bindungen zu anderen verzichten sollen. Das heißt lediglich, dass Sie auf die Befriedigung Ihrer emotionalen Bedürfnisse nicht verzichten müssen, wenn gerade oder auch längere Zeit kein anderer Mensch verfügbar ist, der Ihnen das geben kann, was Sie brauchen. Sie können es sich auch selbst geben. Das gelingt nicht immer auf Anhieb. Wie Veronica Ferres sagte: Man lernt das oft ganz langsam. Das Schöne daran: Man kann es lernen. Es ist eine Fähigkeit wie Fahrradfahren auch. Die ersten Versuche sehen ungeschickt aus und vielleicht fällt man auch auf die Nase. Doch mit der Zeit wird man immer sicherer darin. Die Amerikaner sagen zu dieser Fähigkeit: Be your own best friend – sei dir selbst der beste Freund. In diesem Rezept steckt zugleich ein Hinweis, wie man sich selbst ein guter Freund werden kann:

> Der innere Dialog der emotionalen Autonomie: Reden Sie mit sich so, wie ein wirklich guter Freund, die allerbeste Freundin mit Ihnen reden würde.

Sie werden bemerken, dass Sie sich dabei mit dem inneren Kritiker auseinander setzen müssen, der Ihnen normalerweise Schlechtes einredet. Dieser innere Kritiker ist schuld an emotionaler Abhängigkeit von anderen. Ersetzen wir ihn durch einen positiven inneren Dialog, erlernen wir emotionale Autonomie. Die meisten Menschen schaffen es nach zwei, drei Monaten erhöhter Aufmerksamkeit, den inneren Kritiker zu ersetzen. Bei vielen Menschen ist er jedoch so giftig und destruktiv, dass ein Coach dabei helfen sollte.

Keine Zeit?

Nach drei Kapiteln zu drei Bereichen potenzieller Disbalance werden Sie möglicherweise zweifeln: Hat jemand denn so viel Zeit, so viele Dinge zu tun, um so viele Disbalancen zu beseitigen? Hat niemand, weil niemand sie braucht.
Erstens werden nicht alle Disbalance-Gefahren, die auf diesen Seiten angesprochen werden, auf Ihr Leben zutreffen. Vieles ist bei Ihnen schon in Balance. Die Anzahl der Baustellen reduziert sich dadurch bereits. Zweitens werden Sie schon nach wenigen Balancebemühungen feststellen, dass Sie kein Zeitproblem haben, weil Sie vieles von dem, was Sie früher zu tun oder zu haben meinten, nun einfach nicht mehr brauchen oder wollen. Sie brauchen den Kaufrausch und die durchzechten Nächte, die vielen Überstunden und manchen zeitraubenden, aber emotional unbefriedigenden Bekannten nicht. Denn Sie finden mit anderen Aktivitäten viel eher, leichter und schneller zum inneren Gleichgewicht. Ein Zeitproblem gibt es mithin nicht, auch wenn es auf den ersten Blick so aussieht.
Wenn Sie Balancing betreiben, werden Sie im Gegenteil feststellen, dass Ihre Zeit nicht knapper wird, sondern dass Sie noch Zeit übrig haben für die wirklich schönen Dinge des Lebens.

Auf einen Blick: Stillen Sie Ihre emotionalen Bedürfnisse

- ❑ Sie glauben, dass Sie viel mehr Zeit in Beziehung und Familie verbringen müssten, um die Risse des Gleichgewichts dort zu kitten? Vergessen Sie's.

- ❑ Sie brauchen nicht mehr Zeit dort zu verbringen. Entscheidend ist, dass es bessere Zeit ist: Quality Time.

- ❑ Beziehung, Familie und Freundschaft kommen mit exakt der Zeit aus, die Sie zur Verfügung haben, wenn diese Zeit den Kriterien von Quality Time (s. Abschnitt „Quality Time") entspricht.

- Erwarten Sie nicht, dass Partner, Familie und Freunde Sie auf Ihrem Berufsweg unterstützen (wenn sie es tun, prima, aber erwarten Sie es nicht). Diese stille Erwartung verhindert, dass Sie die Disbalance Ihrer emotionalen Bindungen beheben.

- Learning by Doing: Wenn Sie Probleme haben, von der Rolle des Berufstätigen in die private Rolle zu wechseln, wachsen Sie bewusst in die private Rolle hinein. Tun Sie so, als ob Sie dabei eine neue Sportart (ein neues Hobby) erlernen. (Es ist in der Tat ein neues Hobby.)

- Nehmen Sie endlich vom lästigen Schuldgefühl Abschied. („Ich bin nicht gut genug als Vater, Mutter, Partner, Freund.") Erkennen Sie Ihre eigenen unrealistischen und die unrealistischen Erwartungen anderer und relativieren Sie sie bewusst und beziehungsfreundlich.

- Wenn Sie sich in Familie und Beziehung nichts mehr zu sagen haben, nehmen Sie den Faden alter Themen wieder auf und einigen Sie sich auf neue Themen.

- Wenn Ihnen die viele Arbeit das Sexualleben vermiest, klären Sie zuerst einmal ab, was Sie wirklich wollen und erwarten, um sexuell zufrieden zu sein.

- Sie sind Single? Dann geben Sie schnellstmöglich den Irrtum auf, dass man nur in einer Beziehung im Gleichgewicht sein kann. Man kann es genauso gut, wenn nicht besser, ohne.

- Holen Sie sich das, was Sie emotional zum Leben brauchen aus anderen Quellen und Möglichkeiten emotionaler Bindungen.

- Arbeiten Sie an Ihrer emotionalen Autonomie.

5 Intellektuelle Entwicklung: Feed your mind!

Geistig unterernährt?

Disbalance-Analyse: Geht Ihnen die Arbeit auf den Geist?

Haben Sie Lust auf eine kleine Fingerübung? Es sind wirklich leichte Fragen, also überlegen Sie nicht lange. Kreuzen Sie spontan an, wo Sie voll und ganz zustimmen können:
- ❑ Meine Arbeit ist interessant. Ich könnte mir keine andere vorstellen.
- ❑ Es wird mir nie langweilig bei der Arbeit. Es gibt immer etwas Neues zu entdecken oder etwas zu verbessern.
- ❑ Mein Job ist fast schon wie ein Hobby; eben das, was mir Spaß macht.
- ❑ Meine Arbeit fordert mich intellektuell, füllt mich aus.
- ❑ Ich lerne bei der Arbeit nie aus, lerne jeden Tag etwas Neues hinzu.

Wenn Sie fünf Kreuze gemacht haben, gratulieren wir Ihnen. Ihre Arbeit ist sehr gut für Ihre intellektuelle Entwicklung. Wenn Sie nur wenige oder keine Kreuze machen konnten, treffen vielleicht die folgenden Aussagen auf Sie zu. Kreuzen Sie an:

- ❑ Mein Job ödet mich in letzter Zeit etwas an.
- ❑ Die Arbeit ist im Grunde immer dieselbe.
- ❑ Sie ist keine intellektuelle Herausforderung mehr für mich.

- ❏ Richtig Spaß macht es eigentlich auch nicht mehr.
- ❏ Jeden Tag dieselbe Routine.
- ❏ Ich habe seit Jahren nichts Neues dazugelernt.
- ❏ Ich trete auf der Stelle, es kommt nichts Interessantes mehr nach.
- ❏ Wenn ich hier noch zehn Jahre bleiben muss, gebe ich mir die Kugel.

Das jedenfalls sagen unsere Coaching- und Seminarteilnehmer, wenn ihre Arbeit sie geistig nicht herausfordert. Wenn Sie auch nur ein einziges Kreuz gemacht haben, besteht ein intellektuelles Ungleichgewicht bei Ihrer Arbeit. Intellektuelle Ebbe sozusagen. Ihre Arbeit fordert Sie geistig nicht (mehr). Nun gut, könnte man sagen, wozu muss eine Arbeit überhaupt intellektuell befriedigend sein? Hauptsache, die Kohle stimmt, oder?

Der Mensch braucht geistige Nahrung

Wie wir schon mehrfach gesehen haben, lebt der Mensch nicht nur von Brot allein. Er braucht soziale Kontakte (s. Kapitel 3), weil er soziale Bedürfnisse hat. Er braucht emotionale Bindungen (s. Kapitel 4), weil er Gefühle hat, und er braucht hin und wieder eine intellektuelle Herausforderung, weil er ein Gehirn hat. Das Gehirn ist wie jedes andere Organ auch: Es will benutzt werden. Wenn wir die Nieren nicht mehr benutzen, weil wir zu wenig trinken, gehen sie kaputt. Wenn wir die Muskeln nicht mehr artgerecht benutzen, weil wir uns zu wenig bewegen, atrophieren (verkümmern) sie. Dasselbe passiert mit dem Geist. Wird er nicht benutzt, verkümmert er. So gesehen ist der Geist nichts anderes als ein Muskel auch: Er verändert sich in Richtung der Belastung, die auf ihn ausgeübt wird. Wird er nicht belastet, kriegt der Geist sozusagen Muskelschwund.

Das Gehirn braucht was zu tun!

Wenn uns ein Bein einschläft, merken wir das. Wenn unser Geist einschläft, merken wir das nicht. Das heißt, wir merken zwar, dass wir immer unzufriedener mit unserem Leben werden, doch wir denken, dass das am Leben liegt. Wir kommen selten darauf, dass die Unzufriedenheit mit unserem Leben oft damit zu tun hat, dass wir geistig unterfordert sind – gerade weil wir alles haben, was man zum Leben braucht: einen sicheren Job, eine nette Familie, einen attraktiven Partner, Zweitwagen, Mountainbike, Hifi-Anlage ... Das nützt jedoch alles herzlich wenig, kann nicht unsere Unzufriedenheit beseitigen, wenn nicht auch unser Geist auf seine Kosten kommt. Ein Intellekt, der unterfordert wird, neigt zu Unzufriedenheit.

Konsum macht nicht zufrieden

Wer mit seinem Leben unzufrieden ist, sollte sich also nicht nach einem Drittwagen und einer noch besseren Hifi-Anlage umsehen, sondern eher etwas für seinen Geist tun. Leider leben wir in einem materialistischen Zeitalter: Viele glauben, durch Konsum die Unzufriedenheit vertreiben zu können. Das hilft zwar kurzfristig, doch bald schon sind wir noch unzufriedener als zuvor. Konsum hilft nicht gegen die intellektuelle Disbalance, eben weil wir dabei nichts für unseren Geist tun. Im Gegenteil. Konsum hat hohe Opportunitätskosten: In der Zeit, in der wir dem Konsum frönen, können wir nichts für unseren Geist tun. Das zahlt er uns heim, indem er immer unzufriedener mit unserem Leben wird.

Wird der Intellekt nur für die Arbeit benutzt, verarmt der Geist, was sich als latente Unzufriedenheit mit dem Leben äußert

Selbst wenn die Arbeit so schön ist wie ein Hobby: Man sollte seine Nase auch mal in andere Dinge stecken. Denn wie schon Nils Bohr, der Nobelpreisträger, sagte: „Wer nur Chemie kann, kann auch die nicht richtig." Wer sich nur auf ein einziges Feld der geistigen Betätigung konzentriert, verliert den gesunden Menschenverstand. Ein verarmter Geist lässt keine Balance im Leben zu. Das ahnen wir zumindest. Trotzdem fällt es uns schwer, danach zu handeln. Denn es ist eben viel leichter, den neuesten CD-Brenner zu kaufen, als sich um seinen Intellekt zu kümmern. Konsum ist bequemer als geistige Entwicklung. Dafür bringt Letztere Sie ins Gleichgewicht.

Total überfordert

Sie konnten beim letzten Abschnitt nur bitter lachen? Sie sind in Ihrem Job nicht unter-, sondern überfordert? Sie wissen nicht mehr, wo hinten und vorn ist, müssen immer fünf Dinge gleichzeitig tun, stehen ständig unter Terminstress und Leistungsdruck? Auch das ist eine geistige Mangelsituation. Sie wird oft schlimmer empfunden als ein total langweiliger Job. Denn sie verursacht eine überbordende Fülle von Herausforderungen. Doch diese Herausforderungen sind zu groß für Ihren Geist. Er kann nicht daran wachsen, weil sie eben zu groß sind. In beiden Situationen, der geistigen Unter- wie der Überforderung, empfiehlt Balancing zwei Lösungen:

> Gestalten Sie Ihre Arbeit so, dass Sie sich herausgefordert, das heißt nicht über- und nicht unterfordert fühlen. Geht oder reicht das nicht, dann holen Sie sich geistige Nahrung von außerhalb des Jobs.

In einem Satz: Stellen Sie sich Ihr persönliches intellektuelles Ernährungsprogramm zusammen. Wie Sie mit Situationen umgehen, die Sie überfordern, betrachten wir in Kapitel 6 beim Thema Stressmanagement. Seltsamerweise zeigt sich, dass nach Eindämmung von Stress die Arbeit nicht automatisch interessanter wird. Im Gegenteil. Sobald der Stress unter Kontrolle ist, stellen viele fest, dass ihr Job sie intellektuell eben nicht fordert. Das heißt:

> Sowohl stressige als auch langweilige Jobs müssen geistig interessant gestaltet werden.

Genau das machen wir jetzt.

Geistige Nahrung innerhalb und außerhalb des Jobs

Den Job interessanter gestalten

> Egal, ob Sie einen tendenziell langweiligen oder einen meist stressigen Job haben: Gestalten Sie Ihre Arbeit so interessant, dass Sie etwas davon haben, sich geistig angesprochen fühlen. Klingt trivial? Mag sein, doch was tun wir meist, wenn die Arbeit uns stresst oder anödet? Wir sagen: „Hoffentlich wird das einmal besser!" Inzwischen kennen Sie sich mit den wichtigsten Balancing-Prinzipien etwas aus und können sagen: Wer auf bessere Zeiten hofft, kommt nie in Balance.

Warten und hoffen reichen nicht. Balancing ist eine Aktivität. Das heißt, der Aktive wird mit dem Gleichgewicht belohnt. Wer einfach nur wartet, verschärft die Disbalance meist noch durch seine Untätigkeit. Wir kennen dieses Phänomen aus der Kybernetik: Systeme, die aus dem Gleichgewicht geraten sind, tendieren dazu, noch weiter aus dem Gleichgewicht zu geraten. Man nennt das Entropie (Zerfall der Ordnung).

Natürlich fällt es schwer, wenn man gerade überfordert ist oder bei der Arbeit fast einschläft, auch noch etwas für seinen Geist zu tun. Doch es lohnt sich.

Alle der folgenden Aktivitäten zur geistigen Versorgung machen einen zusätzlichen Aufwand und oft hat man dazu, glaubt man, nicht die Zeit. Doch wenn Sie sich die Zeit nehmen, werden Sie mit etwas belohnt, wofür der Aufwand sich lohnt: Sie werden zufriedener mit sich, der Welt und der Arbeit. Sie kommen näher an Ihr Gleichgewicht:

Selbst den langweiligsten Job kann man interessanter gestalten

→ Besuchen Sie mal wieder eine Weiterbildung, ein Seminar, einen Workshop, eine Fachtagung, einen Vortrag… Das regt geistig an.

Geistige Nahrung innerhalb und außerhalb des Jobs

➔ Lesen Sie Fachjournale und/oder Fachbücher. Nehmen Sie sich ganz bewusst die Zeit, auch wenn anderes drängt. 20 Minuten Lektüre motivieren oft für Stunden. Warum? Weil der Geist zu seinem Recht gekommen ist.

➔ Nehmen Sie an Arbeitskreisen teil. Diese müssen nicht unbedingt direkt mit Ihrer eigentlichen Arbeit zu tun haben. Sie nehmen nicht teil, um Ihre eigentliche Arbeit, sondern um Ihre geistige Entwicklung voranzutreiben. Das ist kein Luxus, das ist intellektuelle Notwendigkeit und Pflege Ihres Humankapitals.

➔ Übernehmen Sie neue Aufgaben und/oder Projekte außerhalb der Routine; Steckenpferdprojekte sozusagen. Aufgaben, die Sie persönlich interessieren. Sie werden erleben: Eine kleine interessante Aufgabe motiviert Sie für hundert langweilige Aufgaben. So stark wirkt der menschliche Geist, wenn er gut genährt wird.

➔ Werden Sie selbst literarisch tätig: Schreiben Sie Fachbeiträge. Oder schreiben Sie nur für sich ein Handbuch Ihrer Arbeit. Viele Menschen können sich beim Schreiben intellektuell am besten entwickeln – wissen das jedoch nicht. Wenn Sie den Drang verspüren, etwas aus Ihrem Leben oder Ihrer Arbeit aufzuschreiben, dann geben Sie unbedingt diesem Drang nach. Er zeigt, dass Ihr inneres Balancegefühl noch funktioniert. Hören Sie darauf.

➔ Reichern Sie Ihre Arbeit mit neuen Instrumenten an, neuen Arbeitstechniken, Methoden, Verfahren, die Sie sich ganz allein, ohne Druck von außen, aneignen. Oft kann man die Aufgabe nicht ändern – aber die Art und Weise, das Handwerkszeug, mit der sie ausgeführt wird. Lassen Sie sich nicht einreden, dass das neue Instrument nicht nötig ist. Es ist vielleicht nicht für die Arbeit nötig, aber für die Erreichung und Erhaltung Ihres intellektuellen Gleichgewichts!

➔ Brechen Sie mit langweiligen Routinen. Wenn Sie zehn Jahre lang etwas auf eine bestimmte Weise gemacht haben und es Sie nur noch anödet, machen Sie's ab morgen auf eine ganz andere Art. Lassen Sie Ihrer Kreativität freien Lauf.

→ Bauen Sie kreative Neuerungen in alte dröge Aufgaben ein. Sie brauchen die Aufgaben nicht vollständig umzukrempeln. Mit zehn Prozent pfiffig Neuem lassen sich meist 90 Prozent dröge Routine ertragen.

→ Suchen Sie nach neuen Herausforderungen, streben Sie ruhig mal eine neue Aufgabe innerhalb desselben Unternehmens oder eine Beförderung an.

→ Sie kennen Ihren Job am besten: Welche Möglichkeiten fallen Ihnen zusätzlich noch ein, um ihn so zu gestalten, dass Sie auch intellektuell auf Ihre Kosten kommen?

Aber: Krempeln Sie Ihre Arbeit nicht gleich total um. Denn erstens kann das selbst leicht in Stress ausarten – und Stress stört die Balance. Und zweitens könnte der Chef etwas dagegen haben, was ebenfalls die Balance stört.

Klagen Sie nicht, dass Ihre Arbeit Sie anödet. Machen Sie sie selbst interessanter. Sicher ist das eine zusätzliche Aufgabe. Doch Sie haben auch zusätzlich etwas davon. Wir lernen daran wieder einmal: Balance stellt sich bei dem ein, der sich darum bemüht.

Von allein kommt nichts ins Lot!

Das ist im Übrigen ein Universalprinzip des Balancing. Das, worauf wir unsere Aufmerksamkeit richten, nimmt zu in unserem Leben. Das klingt trivial, doch die meisten Menschen haben es vergessen. Sie klagen ständig, dass ihr Leben aus dem Lot sei, und erwarten, dass es irgendwer schon wieder einrenken werde. „Das kommt schon wieder ins Lot" ist ein Spruch, der eben nicht stimmt: Von allein kommt bei Disbalancen nichts ins Lot. Eine aus dem Lot geratene Partnerschaft kommt eben meist nicht mehr von allein wieder ins Lot, sie zerbricht oder dümpelt vor sich hin. Eine aus dem Lot geratene geistige Entwicklung kommt nicht von allein wieder ins Gleichgewicht. Man muss schon etwas dafür tun.

Darf Arbeit interessant sein?

Wenn Ihr Job Sie langweilt, machen Sie ihn interessanter. Das klingt einfach, doch viele Menschen haben damit große Probleme: „Aber ein Job ist doch zum Geldverdienen da! Der soll doch keinen Spaß machen!" Erstens: Wer sagt das? Zweitens: So funktioniert das nicht.

Man kann sich nicht dreißig Jahre lang zu etwas zwingen, nur weil es gutes Geld bringt. Nicht, wenn man die Rente in guter Gesundheit erleben will. Diese materialistische Denkweise ist es doch gerade, die uns kaputtmacht, unser Leben aus dem Gleichgewicht gebracht hat! Drittens: In Westeuropa wird zwar so getan, als ob Spaß bei der Arbeit eine Majestätsbeleidigung wäre. Doch einerseits wird nur in schlecht geführten Unternehmen so getan – in guten weiß man recht wohl, dass Arbeit auch Spaß machen muss. Andererseits kann Ihnen ganz egal sein, unter welcher Neurose Ihr Vorgesetzter leidet. Denn Spaß bei der Arbeit ist gesundheitlich unabdingbar. Wenn Sie gesund bleiben wollen, brauchen Sie eine interessante Arbeit. Wenn das Ihrem Boss nicht schmeckt, soll er das mit seinem Hausarzt ausmachen.

Was keinen Spaß macht, macht einen irgendwann kaputt

Auch ein häufiger Einwand: „Manche Jobs sind eben sturzöde!" Das mag sein. Doch gilt gleichzeitig: Ein Job ist nie das, was er ist, sondern immer das, was Sie daraus machen.

Man kann auch den langweiligsten Job zumindest ein bisschen interessanter gestalten. Jeder Job hat dafür Freiräume. Man muss sie nur entdecken. Nutzen Sie nach und nach alle Freiräume Ihres Jobs, um ihn interessanter zu machen. Reichen diese Freiräume, um Ihre Arbeit so interessant zu gestalten, dass sie Ihnen richtig Spaß macht? Wenn nicht, wechseln Sie den Arbeitgeber und/oder machen Sie den zweiten Schritt.

Der zweite Schritt:
Interessantes außerhalb der Arbeit

Verkümmert der Geist, verkümmern auch Körper und Gesundheit

Viele Beamtenjobs sind, um es krass zu sagen, schrecklich öde – wobei das die betreffenden Beamten meist selbst als Erste beklagen. Beamte reagieren nun ganz unterschiedlich auf diese intellektuelle Notlage. Einige fügen sich drein und bauen binnen wenigen Jahren geistig so ab, dass ihr Geist sich dem Niveau der Arbeit angleicht und sie permanent angesäuert durchs Leben gehen. Unter Beamten ist die Frühverrentung übrigens infolge von psychosomatischen Erkrankungen relativ hoch.

Es gibt aber auch Beamte, die die intellektuelle Notlage ganz bewusst als solche erkennen – sie machen praktisch intuitiv eine Disbalance-Analyse. Diese Beamten haben Hobbys, die in krassem Gegensatz zu ihrer drögen Arbeit stehen. Hoch interessante, ausgefallene und herausfordernde Hobbys. Je dröger der Job, desto interessanter das Hobby. Auch auf diese Weise kann man eine geistige Disbalance beseitigen und seinem Geist Nahrung zuführen. Das Problem dabei: Ein Hobby setzt ein Interesse voraus. Und viele sind vom Job schon so vereinnahmt, dass ihre Interessen verloren gegangen sind. Ein Teufelskreis: Je mehr einen ein dröger Job vereinnahmt, desto stärker gehen alle anderen Interessen verloren, wodurch man noch schutzloser dem Sog des Jobs ausgesetzt ist.

Gibt es ein Leben neben dem Job?

Wenn Ihnen vor lauter Arbeit alle anderen Interessen verloren gegangen sind, können Sie nicht mehr ins Gleichgewicht kommen. Also graben Sie Ihre verschütteten Interessen wieder aus:
❏ Was außer der Arbeit interessiert Sie denn noch?
❏ Was hat Sie früher interessiert? Wollten Sie früher nicht mal …? Was ist damit? Haben sich die alten Träume, Wün-

sche und Interessen erledigt? Oder glimmt da noch ein Funke, den Sie wieder entfachen können?
- ❑ Ist der Traum von früher viel zu groß für Ihre beschränkte Zeit von heute? Dann beginnen Sie klein: Lesen Sie wenigstens mal wieder etwas darüber. Oder lässt sich der große Traum etwa in viele kleine Teilträume zerlegen, die Sie nach und nach in die Realität umsetzen können?
- ❑ Machen Sie die Welt zu Ihrer Fundgrube: Was von allen Dingen und Phänomenen auf der ganzen Welt könnte Sie interessieren? Gehen Sie geistig shoppen!
- ❑ Was wollten Sie immer schon mal wissen, erleben, testen, probieren? Finden Sie heraus, wo Sie das können.
- ❑ Welche Wünsche haben Sie heute? Wünsche sind die besten Interessen.
- ❑ Was ärgert Sie ein wenig oder kolossal? Auch aus Ärgernissen ergeben sich wunderbare Interessen, wenn man die Ärgernisse abstellen oder einfach mehr über die Hintergründe erfahren möchte.
- ❑ Gibt es ein Ehrenamt, eine ehrenamtliche Tätigkeit, die Sie interessieren könnten? Das Ehrenamt ist für viele Menschen in festgefahrenen beruflichen Situationen die Rettung vor dem geistigen Ruin. Wohl dem, der den drohenden Ruin spürt, bevor er ihn ereilt!
- ❑ Welche Interessen haben Ihre Kollegen, Mitarbeiter, Kunden, Lieferanten, Vorgesetzten, Bekannten, Verwandten, Partner, Familienmitglieder, Kinder, Vorbilder…? Ist etwas dabei, das auch Sie interessieren könnte?
- ❑ Surfen Sie im Internet. Wenn Sie dabei nichts Interessantes finden, fühlen Sie sich den Puls … Schlägt er noch?

Einwände

Man sollte meinen, dass das Balancing in Sachen geistiger Nahrung denkbar einfach ist: Der Job ödet Sie an oder stresst Sie total? Dann suchen Sie Nahrung für den Geist! Das klingt einfach, stellt sich aber für viele Menschen alles andere als einfach dar. Das merken wir daran, dass die Einwände nur so sprudeln, sobald man darüber spricht, sich um die Ernährung seines Geistes zu kümmern.

Keine Zeit

Sie haben die Zeit, die Sie sich nehmen!

Einer der häufigsten Einwände ist: „Dafür habe ich keine Zeit!" Das stimmt. Eigentlich hat niemand dafür Zeit. Denn man hat immer nur die Zeit, die man sich nimmt. Es fragt sich lediglich, ob es sich lohnt, sich dafür Zeit zu nehmen. Das tut es aus zweierlei Gründen. Erstens, bedenken Sie die Konsequenzen. Wie schon Goethe sagte: „Man muss manchmal etwas Verrücktes tun, nur um wieder eine Weile leben zu können." Goethe wusste um die geisttötende Wirkung von Langeweile. Wenn Sie in Ihrem Leben oder Ihrem Beruf auch nur einen Hauch von Unzufriedenheit (= Disbalance) verspüren, dann ist die einzige Möglichkeit, zufriedener zu werden, es mal wieder mit geistiger Nahrung zu versuchen. Der zweite Grund: Sobald Sie tatsächlich mal wieder etwas tun, was Ihren Geist auf positive und schöne Weise aktiviert, werden Sie einen derartigen Spaß dabei haben, dass Sie sich fragen werden, wie Sie sich fragen konnten, ob das überhaupt lohnt.

Zu alt

Ein zweiter häufiger Einwand gegen geistige Nahrung in Form von Hobbys und berufsfremden Interessen: „Dafür bin ich doch zu alt!" Erstaunlicherweise sagen das bereits Menschen mit Ende 30!

Einwände

Niemand ist zu alt für ein Leben in Balance. Natürlich schaut Sie Ihre Umwelt komisch an, wenn Sie mit 50 noch eine Harley kaufen. Aber das ist ein schlechtes Beispiel, weil man den Neid und die Beachtung der anderen sicher auch genießen kann. Anderes Beispiel: Wenn Sie mit 60 noch ein Studium beginnen. Auch ein schlechtes Beispiel. Denn wer jemals in einem Hörsaal saß, weiß, dass die jungen Kommilitonen ganz begeistert von jedem Oldie sind, der sich ihnen zugesellt. Sie sehen: Dass man für etwas zu alt ist, ist eine Befürchtung und nur eine Befürchtung. Tatsächlich ist das Alter eher ein Vorteil als ein Nachteil. Wer neu zu einer Gruppe Gleichaltriger stößt, wird immer zunächst eher misstrauisch beäugt, weil man den Konkurrenten fürchtet. Wer eindeutig zu jung oder zu alt für eine Gruppe ist, muss nur höflich und freundlich auftreten – und sofort reißt man sich darum, ihn unter die Fittiche zu nehmen. Natürlich kostet es immer Überwindung, etwas Neues zu beginnen. Doch es lohnt sich so ungemein, dass Sie diese Überwindung schnell vergessen werden, sobald Sie eine Weile dabei sind.

Sie sind nie zu alt für das, was Sie in Balance bringt

Nichts macht Spaß

Ein dritter Einwand gegen eine geistige Entwicklung außerhalb der Arbeit lautet: „Mir macht gerade wirklich nichts Spaß." Das kommt vor. Das bedeutet: Der Geist ist schon so lange nicht mehr gefüttert worden, dass er sogar zu schwach dafür geworden ist, sich auszumalen, was ihm denn schmecken könnte. Also machen Sie es wie mit der physischen Nahrung: Zwingen Sie sich, etwas Nahrhaftes zu essen.
Das muss am Anfang nicht die reine Freude sein. Denn der Geist ist so verkümmert, dass ihn selbst der kleinste Happen oft überfordert. Bleiben Sie einige Zeit einfach dabei, bringen Sie die Disziplin auf – und Sie werden belohnt werden. Mit der Zeit kommen der Spaß und das geistige Interesse zurück. Wenn das auch nach Wochen einer neuen Aktivität nicht eintritt, dann geben Sie sie einfach auf und suchen Sie nach neuer geistiger Nahrung. Das

Disziplin gehört dazu

bedeutet Balancing: So lange suchen, bis Sie das finden, was Sie ins Gleichgewicht bringt.

Balancing heißt, etwas für sich selbst zu tun

Die erlernte Hilflosigkeit

Viele Menschen klagen seit Jahren über einen Job, der sie nicht ausfüllt. Sie beklagen, dass die Arbeit nicht mehr den Spaß wie früher macht, dass es immer dasselbe ist und wenig persönliche Befriedigung bringt. Was fangen sie mit dieser traurigen Erkenntnis an? Sie hoffen. „Ich hoffe, das wird irgendwann mal besser!" Es gibt ein amerikanisches Sprichwort, das sagt: Hope has never cleaned the kitchen. Etwa: Vom Hoffen allein wird die Küche nicht aufgeräumt. Man muss schon etwas dafür tun.

Warum fällt es uns so schwer, ausgerechnet für uns selbst etwas zu tun? Weil der Arbeitsplatz der letzte Platz ist, an dem wir an so etwas denken. Bei der Arbeit wird uns gesagt, was wir tun sollen. Das geht uns nach Jahren in Fleisch und Blut über. Die Wissenschaft spricht von erlernter Hilflosigkeit. Wir warten unbewusst darauf, dass uns der Chef schon sagt, was wir tun sollen.

> Warten Sie nicht, bis Ihnen jemand sagt, dass Sie Ihre Arbeit interessanter gestalten sollen. Sagen Sie es sich selbst. Und hören Sie auf sich!

Schließlich wissen Sie am besten, was gut für Ihr geistiges Gleichgewicht ist. Lernen Sie, der eigenen inneren Autorität wieder zu vertrauen. Äußeren Autoritäten haben Sie schon zu lange vertraut. Gerade dieses Hören auf externe Autoritäten hat Sie in diese Lage gebracht: in Disbalance.

Das schlechte Gewissen

Viele Menschen trauen sich nicht, ihre Arbeit interessanter zu gestalten: „Ja darf man das denn? Was sagt denn der Chef dazu, wenn er das herausbekommt?" Erstens finden das Chefs in der Regel nicht heraus – wenn Sie es ihnen nicht gerade auf die Nase binden. Zweitens: Chefs haben keine Motivation, das herauszufinden, weil sie genau wissen, dass ein Mitarbeiter, der sich seine Arbeit interessanter gestaltet, motivierter, engagierter und produktiver ist. Er fehlt weniger und macht weniger Fehler.
Wenn Sie besser arbeiten, weil Sie Ihren Job interessanter gestalten, ist auch Ihr Chef zufriedener mit Ihnen. Sie sollten daher kein schlechtes Gewissen wegen des Chefs haben, wenn Sie balancen. Sie sollten eher eines haben, wenn Sie es nicht tun. Denn dann enthalten Sie Ihrem Chef einen großen Teil Ihrer Produktivität vor. Schon verrückt, nicht? Da geben wir seit einigen Seiten Ratschläge, wie man den eigenen Geist mit Nahrung versorgt. Das ist doch lächerlich! Tatsache ist jedoch: Die meisten von uns wissen nicht mehr, wie man den eigenen Geist füttert. Dasselbe trifft übrigens auf die physische Nahrung zu. Wenn man genau anschaut, was wir täglich in uns reinschaufeln, kann man sich ebenso gut fragen, ob wir überhaupt noch wissen, was uns physisch gut tut. Wir wissen es oft nicht. Wir müssen es erst wieder lernen. Wir haben zwar ein Gehirn, aber wir wissen nicht so ganz genau, wie man es in tadellosem Zustand hält, wie man es füttert. Lernen wir es wieder.

Ein ausbalancierter Mensch hat positive Auswirkungen auf die Balance anderer Menschen

Wann und wie oft füttern?

Wie oft sollten Sie Ihren Geist füttern, damit er nicht unzufrieden wird? Das kommt darauf an, wann Sie im Gleichgewicht sind. Manche Menschen lesen täglich die *FAZ*, monatlich ein Buch, am Wochenende *Die Zeit* und hören nach Feierabend den

Deutschlandfunk – sonst fühlen sie sich geistig unterernährt. Anderen reicht es dagegen völlig, wenn sie im Urlaub mal einen Kriminalroman zur Hand nehmen.

Die richtige Dosis Geistesnahrung ist die Dosis, die Sie ins Gleichgewicht bringt

Finden Sie heraus, wann, wie oft und wie stark Sie Ihren Intellekt füttern müssen, damit Sie zufrieden mit Ihrem Leben sind. Sie merken es ganz genau, wann genug ist. Spüren Sie dieses Gefühl und vertrauen Sie ihm. Es ist Ihr eingebauter Balanceanzeiger. Ein Faktor ist bei der geistigen Ernährung jedoch genauso wichtig wie bei der physischen: Regelmäßigkeit. Wenn Sie regelmäßig im Urlaub ein Buch lesen, kann sich Ihr Geist darauf einstellen. Wenn Sie regelmäßig am Wochenende ein Museum oder eine Ausstellung besuchen, dann ergibt auch das Ihren ganz persönlichen Rhythmus, der Sie in Balance hält. Wie bleiben Sie im Gleichgewicht?

Stellen Sie sich täglich oder zumindest wöchentlich die Frage: Was habe ich in letzter Zeit für meinen Intellekt getan? Ist es ausreichend? Wenn nicht, was könnte ich zusätzlich tun?

Diese Fragen erscheinen trivial – doch wir stellen sie uns meist nicht. Die meisten Disbalancen im modernen Leben entstehen unbemerkt, verschlimmern sich schleichend und werden oft erst bemerkt, wenn keine Freunde mehr da sind, die Beziehung in die Brüche geht oder man absolut nichts mehr mit sich selbst anzufangen weiß. Daher: Fragen kostet nichts, bringt aber viel, zum Beispiel Balance.

Mit wem umgeben Sie sich?

Kultur und Literatur können, müssen aber nicht geistige Nahrung sein

Geistesnahrung wird oft ausschließlich mit Buchlektüre und Museumsbesuchen gleichgesetzt. Das ist eine seltsame Verengung des Blickwinkels. Denn die wenigsten von uns werden so viel lesen oder kulturelle Veranstaltungen besuchen. Nur die we-

nigsten Deutschen kaufen zum Beispiel regelmäßig Bücher. Wer regelmäßig Bücher liest, gehört zumindest in Deutschland zu einer Bevölkerungsminderheit. (Das ist kein Stigma. Seien Sie stolz darauf. Sie zählen zur geistigen Elite.)
Die für Otto Normalverbraucher häufigste Quelle geistiger Nahrung sind die Familie und der Freundes- und Bekanntenkreis.

> Regine zum Beispiel zieht abends gern mit ihrer Clique aus Jugendtagen durch die Kneipen, geht zum Grillen oder ins Rockkonzert. Das ist wunderbar und gibt Regine alles, was sie an sozialen Kontakten braucht (s. Kapitel 3). Das Problem ist nur: „Die Jungs in der Clique reden ständig über ihren Beruf, über Fußball oder die Formel 1. Die Mädels reden über Beziehungen und Mode. Mir hängt das derart zum Hals raus. Ich mag wirklich jeden und würde keinen missen wollen – aber können wir nicht mal über etwas anderes reden?" Dieser Wunsch ist ein deutliches Zeichen für eine intellektuelle Disbalance.

Wie verhalten sich die meisten Menschen in so einer Disbalance? Sie halten sie aus, „weil ich die alte Clique nicht aufgeben möchte". Diese Wahl stellt sich nicht. Im Leben ist das Entweder-oder nie eine gute Lösung – und schon gar nicht beim Balancing. Eines der Balancing-Prinzipien ist gerade das Sowohl-als-auch. Man kann immer alles vereinbaren. Regine zum Beispiel

→ bringt jetzt öfter andere Gesprächsthemen, die sie interessieren, in die abendlichen Runden ein;
→ schlägt neben den Kneipenbesuchen auch mal Jazz Brunches, Vernissagen und andere Events als Treffpunkt vor;
→ besucht als Ergänzung zu ihrer Clique einmal im Monat einen Stammtisch ihrer Berufskollegen aus anderen Unternehmen.

Sind die Menschen, mit denen Sie sich umgeben, förderlich oder hinderlich für Ihr geistiges Gleichgewicht? Fragen Sie sich:

- Mit wem umgebe ich mich eigentlich?
- Komme ich dabei intellektuell auf meine Kosten?
- Oder sind diese Bekanntschaften ohne jeden intellektuellen Anspruch?
- Sind auch Leute darunter, von denen ich intellektuell angeregt werde?
- Werden meine intellektuellen Bedürfnisse in meinem Umfeld erfüllt?
- Welche Freundschaften und Pflichtbekanntschaften sollte ich etwas reduzieren, um dafür andere Menschen kennen zu lernen, von denen ich auch intellektuell stimuliert werde?

Fernsehen zählt nicht

Fernsehen ist nicht nahrhaft

Viele Menschen schauen am Arbeitsplatz zehn Stunden auf einen Bildschirm und abends drei Stunden auf einen anderen Bildschirm, nämlich den ihres TV-Gerätes. Tun sie dabei etwas für ihre geistige Ernährung?

Fernsehen zählt nicht als Geistesnahrung

Nein. Es sei denn, Sie schauen ganz gezielt eine Sendung an, deren Thema Sie interessiert. Die BBC-Reportagen, die auch im deutschsprachigen TV zu sehen sind, sind zum Beispiel hoch interessante geistige Nahrung. Wenn Sie dagegen einfach so einschalten, um zu sehen, was läuft, und dann wild herumzappen, tun Sie möglicherweise etwas für Ihre Entspannung – obwohl das aus medizinischer Sicht strittig ist: Beim Herumzappen zeigen das EEG und das EKG oft Werte wie im Büro. Doch das kommt auf Sie an: Wenn Sie sich nach dem Fernsehen entspannt fühlen, ist es gut für Sie. Aber selbst wenn Sie dabei entspannen: Beim Entspannen tun Sie nichts für Ihre intellektuelle Entwicklung. Wer würde schon behaupten, dass Friends oder die Simpsons gut für die intellektuelle Entwicklung wären? Fragen Sie sich:

→ Lerne ich etwas beim Fernsehen oder unterhalte ich mich bloß?
→ Schalte ich lediglich ein, um geistig abzuschalten? Dann betreibe ich das Gegenteil von intellektueller Entwicklung.
→ Konsumiere ich bloß oder entwickle ich mich dabei?

Entspannung und Entwicklung

Entspannung und Entwicklung sind keine Gegensätze. Oft ergänzen sie sich sogar. Die meisten Menschen entspannen nämlich vor dem TV nicht wirklich. Wenn sie dagegen ein gutes Buch lesen, Kreuzworträtsel lösen, gute Musik hören oder eine intelligente Unterhaltung mit anderen führen, fühlen sie sich danach wirklich entspannt.

Der Geist entspannt nicht beim Nichtstun am besten, sondern bei entspannter geistiger Betätigung

Viele Menschen entdecken das am Freitagnachmittag. Es ist eigentlich Feierabend, doch dann fällt einem etwas ein, was man noch schnell erledigen könnte – und findet kein Ende, weil man im Gegensatz zum Rest der Woche nun endlich ohne Zeit- und Leistungsdruck eine Arbeit erledigen kann. Das macht richtig Spaß! Dabei merkt man: Man denkt und arbeitet – und entspannt trotzdem dabei! Mehr noch: Man schöpft geistige Kraft beim entspannten Arbeiten und Denken.

Dasselbe wie fürs Fernsehen gilt übrigens auch fürs Internetsurfen: Wenn Sie gezielt ein Thema verfolgen, füttern Sie Ihren Geist dabei. Wenn Sie nur herumklicken und Bildchen schauen, verkümmert Ihr Geist. Das merken Sie am deutlichsten daran, dass es süchtig macht. Das liegt daran, dass Surfen geistig nicht satt macht, weshalb man denkt, dass man einfach noch mehr davon braucht. So können Süchte entstehen.

Abschalten – entspannen – ernähren

Am Beispiel TV-Schauen sehen wir sehr schön, was es heißt, sein Leben aktiv auszubalancieren. Viele Menschen schauen TV, „um zu entspannen". Wie bereits erwähnt, funktioniert das nicht besonders gut. Danach fühlt man sich oft nicht entspannter. Warum tun wir's dann trotzdem? Weil unsere Balanceinstinkte durch jahrelanges Nichtbeachten aus der Übung geraten sind.

Nach der Arbeit wollen wir eigentlich abschalten. Wir verwechseln es aber mit entspannen, weil wir wenig Übung im Balancing haben. Tatsächlich funktioniert Fernsehen zum Abschalten bei vielen Menschen ausgezeichnet. Fernsehen verbreitet so viel Müll, der die Gehirnwindungen verstopft, dass man binnen Minuten an nichts anderes mehr denkt. Deshalb sollte man sich danach immer noch entspannen! Denn entspannt ist man nach dem Fernsehgucken eben noch nicht. Nach dem Fernsehen können jedoch viele Menschen viel besser entspannen, weil sie nicht mehr ständig an die Arbeit oder andere Sorgen denken müssen.

> Um Entspannen zu können, sollten wir zuerst abschalten. Beim Fernsehen können viele Menschen gut und schnell abschalten.

Haben Sie sich dann entspannt, sollten Sie Ihrem Geist die nötige Nahrung zuführen. Sonst wird er immer unzufriedener, je mehr Sie entspannen.

Unzufriedenheit ist das Magenknurren eines hungrigen Geistes

Ein unzufriedener Geist braucht keine Entspannung, sondern Nahrung, geistige Herausforderung! Das wissen viele nicht mehr. Viele Menschen könnten sich in bestimmten Situationen ihre Entspannung auch ganz sparen, wenn sie ihren Geist füttern würden.

Gehirnjogging tut Not

Sie gehen nach Feierabend Joggen (oder Schwimmen, Radeln, ins Fitnessstudio...), um Ihrem Körper etwas Gutes zu tun. Was aber tun Sie Ihrem Geist Gutes? Nach dem Joggen ist der Geist immer noch so unterfordert wie zuvor (es sei denn, Sie lösen Dreisätze, während Sie joggen – falls Ihnen Dreisätze liegen).

Fernsehen zählt nicht

> Haben Sie ein Fitnessprogramm für Ihren Körper? Dann geben Sie auch Ihrem Geist ein Fitnessprogramm.

Das ist nur gerecht. Außerdem kommen Sie nicht in Balance, wenn zwar Ihr Körper, nicht aber Ihr Geist fit ist. Das meinten die alten Römer, als sie „mens sana in corpore sano" sagten. Viele glauben heutzutage, dass sie damit meinten: „Wer seinen Körper gesund hält, hält damit auch seinen Geist gesund." Doch diese Übersetzung ist nicht korrekt. Sie wurde von den Turnvätern in Deutschland zu Propagandazwecken geprägt. Was die alten Römer tatsächlich meinten, ist: Beides ist für die Gesundheit entscheidend – der gesunde Geist (sie nannten ihn übrigens an erster Stelle) wie der gesunde Körper.

Mens sana in corpore sano

Siehe da: Schon die alten Römer betrieben Balancing! So hieß es damals natürlich nicht. Balancing ist nichts wirklich Neues. Seit Jahrhunderten beschäftigen sich Philosophen, Mediziner und viele andere Wissenschaftler mit der Frage aller Fragen: Wie lebe ich ein ausgeglichenes, zufriedenes und glückliches Leben?

Übrigens macht ein gesunder Körper noch lange keinen gesunden Geist. Bestes Gegenbeispiel ist der weltberühmte Physiker Stephen Hawking. Der Mann ist ein Genie, obwohl sein Körper nicht als gesund bezeichnet werden kann. Die meisten heutigen Nobelpreisträger würden nach der halben Joggingstrecke eines durchschnittlichen Managers tot umfallen. Und trotzdem leuchtet ihr Geist uns voran.

Wer sich körperlich fit hält, tut etwas für den Körper, nicht für den Geist. Das sollten Sie fein säuberlich auseinander halten und für beides etwas tun. Dann klappt das auch mit der Balance.

Was es bringt

Wer seine intellektuelle Entwicklung bewusst vorantreibt, hat mehr vom Leben. Er hat eben mehr als nur den Job und die Familie oder Beziehung. Das Leben besteht nicht nur aus Arbeit und Verpflichtungen. Der Job ist nicht mehr das Einzige oder das einzige intellektuell Stimulierende im Leben.

Hobbys und Interessen als „Countervailing Power"

Allein schon diese Countervailing Power, wie sie im Amerikanischen heißt, dieses Gegengewicht zum Job, hat spürbare Gleichgewichtswirkung. Vorher hatte das Leben im Job heftige Schlagseite. Doch mit dem intellektuellen Ausgleich gleicht sich auch die Lage des Lebensschiffs wieder aus. Deshalb sind Hobbys und Interessen außerhalb des Jobs so wichtig für die innere Balance.

Wer diese Balance dank eines intellektuellen Gegengewichts zum Job gefunden hat, lässt sich von der Arbeit, seinem Chef, den Kollegen und Kunden nicht mehr so leicht und so heftig emotional durchschütteln, stressen, unter Druck setzen. Denn er weiß: Es gibt auch noch andere Dinge im Leben. Tatsächlich durchbricht man damit die geistige Abhängigkeit von der Arbeit, lässt sich nicht mehr so stark von ihr vereinnahmen, macht sich weniger Sorgen, lässt sich weniger stressen, definiert sich nicht mehr ausschließlich über die Arbeit, wird selbstbewusster – und das nützt wiederum der Arbeit (s. Kapitel 2). Die Gleichgewichte in den einzelnen Sektoren sind abhängig voneinander: Wenn eines sich verschlechtert, verschlechtern sich auch andere. Wenn ein Bereich näher ans Gleichgewicht rückt, rücken auch andere näher an ihr Gleichgewicht.

Übrigens hat das geistige Gleichgewicht unmittelbare Auswirkungen auf das gesundheitliche Gleichgewicht (s. Kapitel 6). Wer geistig rege bleibt, erkrankt viel seltener an Altersdemenz und Alzheimer als Menschen, die keinen Wert auf ihre intellektuelle Entwicklung legen. Wodurch dieser Zusammenhang zustande kommt, ist noch nicht bekannt. Belegt ist lediglich, dass er statistisch signifikant ist.

Wenn das intellektuelle Gleichgewicht so viel bringt, warum streben dann nicht mehr Menschen danach?

Das Stiefkind der Moderne

Der Geist bleibt auf der Strecke

Warum gibt es in jeder größeren Stadt mindestens ein Fitnessstudio für den Körper, aber keines für den Geist? Weil der Intellekt das Stiefkind unserer modernen Zivilisation ist. Wohin Sie auch blicken: Überall beklagen sich Menschen darüber, dass ihr Job entweder total dröge oder total stressig ist. Das sind deutliche Zeichen für intellektuelle Disbalancen. Daran hat sich in den letzten zehn Jahren nichts gebessert, im Gegenteil. Es scheint immer schlimmer zu werden.

Unsere Gesellschaft heißt nämlich bezeichnenderweise Leistungsgesellschaft: Von Intellekt, Geist oder mentaler Entwicklung war nie die Rede. Na wenn schon, könnte man einwenden. Die Gesellschaft bietet vieles nicht; sie bietet keine Sicherheit, kaum Emotionalität, kaum Menschlichkeit – dann muss sich der Einzelne eben selbst darum kümmern. Richtig. Das klappt auch bei der Sicherheit, der Emotionalität und der Menschlichkeit. Bei der intellektuellen Entwicklung klappt es in der Regel nicht.

In der modernen Leistungsgesellschaft bleibt der Intellekt auf der Strecke

Obwohl wir ahnen, dass unser Intellekt in der modernen Gesellschaft verkümmert, tun wir oft nichts dagegen.
Warum?

Das Trauma der Kindheit

In der Kindheit wird uns beigebracht, unseren Geist so zu benutzen, wie es andere sagen. Wo werden uns diese intellektuellen Grausamkeiten angetan? In der Schule.
Erwarten Sie hier nicht den Aufschrei der Pädagogen und Lehrer. Sie sind die Ersten, die diese Vorwürfe erhoben haben und noch erheben. Lernen unter Notendruck ist ein Widerspruch in sich. Deshalb sagen die meisten Schulabgänger: „Nie wieder Schule!" Das wäre noch verständlich, wenn sich diese Abneigung nur ge-

gen die Schule richtete. Denn da ist sie berechtigt. Leider jedoch strahlt diese Abneigung auf alles aus, was nach geistiger Betätigung aussieht. Um es brutal zu formulieren: An westlichen Schulen wird Schülern beigebracht, außerhalb eines Schulzimmers oder Seminarraums den Intellekt nicht mehr zu gebrauchen. Weil das anstrengend ist und keinen Spaß macht.
Deshalb sagen viele Menschen: „Es reicht mir, wenn ich bei der Arbeit so viel denken muss. Ich will privat einfach nur abschalten." Das funktioniert nicht, weil ein unterernährter Geist sich nicht abschalten lässt. Er grummelt ständig „Hunger!" und lässt keine Entspannung zu. Dagegen ist ein satter, da gut gefütterter Geist das Entspannteste, was es überhaupt gibt. Wer jemals ein ganzseitiges Kreuzworträtsel gelöst hat oder ein wirklich gutes Buch zu Ende gelesen oder eine wirklich intelligente Unterhaltung geführt hat, kennt diese ultimative Entspannung. Man lehnt sich zurück und fühlt sich gut.

Wieder denken lernen

An der Schule lernen wir, dass geistige Betätigung qualvoll, schwer, mit Notendruck und Strafe verbunden ist, keinen Spaß macht und unkreativ, einengend und fremdbestimmt ist. Aufgrund dieses Traumas ist unsere ganze spätere geistige Entwicklung oft behindert und erschwert. Christiane Rochefort, die französische Romanautorin, sagte: Il y a des plaisirs supérieur à ceux de la chair. Es gibt schönere als die fleischlichen Gelüste. Für die meisten von uns sind diese fleischlosen Freuden unzugänglich. Deshalb lesen weniger als die Hälfte der Deutschen regelmäßig Bücher: Weil sie es in der Schule mussten und deshalb heute keine Freude mehr daran haben. Was wir an der Schule lernen, ist nicht die Lust am Lernen. Gibt es diese überhaupt? Kann Lernen auch Spaß machen? Aber sicher.
Tatsächlich ist es ein toller Spaß. André Heller sagte: „Die wahren Abenteuer sind im Kopf, und sind sie nicht im Kopf, dann sind sie nirgendwo." Edward de Bono, der berühmteste zeitgenössi-

Das Stiefkind der Moderne

sche Denkbegeisterte, sagte: „Denken ohne Zwang, ohne ein Ergebnis erzielen zu müssen, ist eine der schönsten Tätigkeiten überhaupt." Wer in einer ruhigen Minute einfach mal die Füße hochlegt und die Gedanken kommen lässt, kann das bestätigen: Dabei fallen einem die besten Ideen ein! Und dann kommt der Chef oder ein Kollege herein und fragt: „Was machen denn Sie da? Haben Sie nichts Besseres zu tun?" In unserem Kulturkreis ist Denken eben nicht hoch angesehen. Volk der Dichter und Denker? Das war einmal.

Wir müssen erst wieder erfahren, dass Denken auch Spaß machen kann

> Legen Sie in einer ruhigen Minute einfach mal die Beine hoch oder machen Sie einen Spaziergang, nehmen Sie ein Bad oder duschen Sie, legen Sie sich ins Gras oder setzen Sie sich ans Fenster und lassen Sie die Gedanken kommen. Beobachten Sie einfach zehn Minuten lang Ihre Gedanken. Sie werden erstaunt sein über Ihren inneren Reichtum. Denken lernt man beim Denken.

Das ist Denken nach dem Lustprinzip. Da in der Schule diese Art zu denken nicht gefördert wurde, müssen wir die lustvolle Art zu denken wieder für uns entdecken. Worüber denken Sie gern lustvoll nach? Worüber macht es Ihnen Spaß, nachzudenken?
200 Vokabeln am Tag auswendig zu büffeln ist kein Denken. Das ist Dressur. Sie sind kein Seelöwe, der einen bunten Ball auf der Nase balanciert und dafür einen Fisch bekommt – auch wenn Ihre Lehrer Ihnen das jahrelang suggeriert haben. Sie sind ein Mensch. Und für Menschen gilt: Die Gedanken sind frei ... Denken ist ein toller Zeitvertreib, wenn man ihn richtig betreibt.

Nicht hören, nicht sehen, nicht sprechen, nicht denken

Es gibt ein Hindernis auf dem Weg zum Homo sapiens, zum wissenden, denkenden Menschen: Viele Menschen wollen überhaupt nicht denken lernen. In dieser Hinsicht sollte man den drei Affen, die nicht hören, nicht sehen und nicht sprechen wollen, noch einen hinzufügen, der sich den Schädel hält, weil er nicht denken möchte.

> An einem Gymnasium in Rheinland-Pfalz gibt es einen Lehrer, der seinen Schülern Denken beibringt. Er fragt sie zu jedem Thema, jeder sich bietenden Gelegenheit: „Was haltet ihr davon? Was ist eure Meinung? Wie würdet ihr das machen?" Bei ihm lernen die Schüler tatsächlich fürs Leben und nicht wie bei den Kollegen für die Schule. Die meisten Schüler sagen über ihn: „Er ist der schlimmste Lehrer an unserer Schule. Dauernd müssen wir selbst denken. Es wäre viel besser, wenn er uns sagen würde, was wir auswendig lernen müssen, damit wir die Klausuren bestehen."

So weit ist es also schon gekommen: Der Missstand immunisiert sich bereits. Wir sind schon so verbildet, dass wir überhaupt nicht mehr denken *wollen* und es auch nicht mehr lernen wollen. Wir empfinden Denken als Behinderung, als Zeitverschwendung, eine eigene Meinung als Luxus. Wenn uns jemand Denken beibringen möchte, dann empfinden wir das als Zumutung und unbillige seelische Grausamkeit. Mit diesen Einstellungen im Kopf ist ein Leben in Balance unmöglich.

Wer sich geistig nicht entwickeln möchte, kommt nicht in Balance

Und zur geistigen Entwicklung ist eben nun mal Denken nötig. Denken zu lernen ist keine Frage der Disziplin und der Überwindung. Es ist eine Frage der Übung. Machen Sie die obige Übung (s. o. Abschnitt „Wieder denken lernen") einfach einmal am Tag und Sie lernen wieder Denken und die überragende intellektuelle Befriedigung, die es mit sich bringt. Denken lohnt sich. Denken ist gesund. Feed your mind. Just do it!

Die tägliche Stunde

Jeder Mensch braucht jeden Tag eine Stunde nur für sich selbst

Früher sagte man, dass jeder Mensch täglich mindestens eine Stunde für sich selbst braucht. Heute sagen viele, dass jeder Mensch täglich eine Stunde Freizeit braucht – das ist nicht dasselbe. Denn diese Freizeit wird oft mit TV-Gucken, dem Partner oder den Kindern verbracht. Dann ist es aber keine Stunde mehr für sich selbst.

In dieser Stunde oder halben Stunde oder auch nur zehn Minuten sollten Sie wirklich nur das tun, was Ihnen ganz allein gut tut. Das ist nicht eigensüchtig, das ist vernünftig. Wer sich längere Zeit nicht um sein Innenleben und sein Wohlergehen kümmert, wird unzufrieden und krank. Genehmigen Sie sich die Stunde täglich und reservieren Sie darin zehn Minuten:

> Machen Sie es sich zur Gewohnheit, mindestens zehn Minuten am Tag einfach nur nachzudenken. Ob das unter der Dusche oder auf dem Sofa ist, bleibt sich gleich. Hauptsache, Sie tun es. Finden Sie den Ort und die Tätigkeit, bei der Sie am besten denken können.

Legen Sie sich ein geistiges Hobby zu

Legen Sie sich daneben ein Hobby zu, das Ihren Geist positiv fordert. Setzen Sie sich dabei nicht unter Druck. Machen Sie es nicht, um irgendetwas zu erreichen, sondern einfach nur der Herausforderung und des Spaßes wegen. Sie werden dabei entdecken: Alles, was Sie an der Schule gehasst haben, kann man auch so machen, dass es Spaß macht. Viele Menschen fangen in der Lebensmitte an, eine Fremdsprache zu lernen – auch wenn sie das an der Schule nicht gemocht haben. Sie entdecken dabei, dass Vokabelnbüffeln nichts mit Fremdsprachenlernen zu tun hat. Man kann alles so lernen, dass es auch Spaß macht.

> Je mehr Spaß Sie an Ihrem intellektuellen Ernährungsprogramm haben, desto eher nützt es Ihrem Geist.

Und desto eher bleiben Sie auch dabei. Denn sture Disziplin und Überwindung halten nicht lange vor. Spaß motiviert immer noch am besten.

Lernen Sie auch, auf sich selbst zu hören. Lernen Sie, sich selbst zu vertrauen. Wenn Sie Ihre Arbeit öde finden, dann tun Sie das nicht ab: „Job ist Job und Schnaps ist Schnaps. Arbeit ist dazu da, um Geld zu verdienen." Das ist Unfug. Denn erstens lebt der Mensch nicht nur vom Geld allein und zweitens: Wenn Sie sich angeödet fühlen, dann müssen Sie etwas dagegen tun. Denn Langeweile ist ein deutliches Zeichen dafür, dass etwas in Unordnung geraten ist im Leben. Tolerieren Sie Ungleichgewichte nicht, beseitigen Sie sie.

Denkpause

Viele Menschen sind bei der Wahl ihres geistigen Ernährungsprogramms nicht besonders geschickt. So fällt auf, dass viele eine intellektuelle Beschäftigung wählen, die ihrer beruflichen Beschäftigung sehr ähnlich ist. Wer den lieben langen Tag lang am CAD-Bildschirm sitzt, sitzt abends vor dem Internetbildschirm. Wer im Beruf schwierige Probleme austüfteln muss, spielt abends Schach.

Setzen Sie den beruflichen Denkstress nicht privat fort

Tatsächlich sollte das private Denken zur intellektuellen Entwicklung zwangfrei und ohne ehrgeizige Ziele sein, die Sie unter Druck setzen. Beschäftigen Sie sich mit Ihrer geistigen Entwicklung, aber treiben Sie diese nicht wie einen Feldzug voran. Der Geist bringt zwar Leistung, wenn er unter Druck gesetzt wird,

doch wenn er sich entwickeln soll, darf kein Druck herrschen. Spaß sollte hierbei das dominierende Merkmal sein.
Typischerweise entwickeln sich Menschen geistig dann am einfachsten und schnellsten weiter, wenn sie „Denkpausen" einlegen.

> Deshalb legen Professoren Sabbaticals ein – Freisemester, in denen sie nur jenen Forschungsthemen nachgehen, die sie persönlich weiterbringen. Deshalb machte der US-Komiker Steve Martin zwei Jahre lang überhaupt keinen Film, keine Show und kein Buch – vorher hatte er so intensiv Drehbücher und Shows geliefert, dass er ausgebrannt war. Nach zwei Jahren Denkpause legte er dann ein Buch und einen Film vor, bei dem sich die Kritiker vor Begeisterung überschlugen – was ihm egal war. Ihm war viel wichtiger, dass ihm in seiner Denkpause die besten Gedanken seit Jahren gekommen waren.

Die geistige Entwicklung sollte ganz von selbst ablaufen, in jenem Tempo, das Ihnen gemäß ist. Richten Sie sich nach dem Tempo Ihres Geistes. Das erfordert etwas Übung, weil wir es schon so gewohnt sind, unseren Geist unter Druck zu setzen, ihn übers Stöckchen springen zu lassen. Doch mit der Zeit werden Sie spüren, dass zwangfreies Denken herausragendes Vergnügen bereitet.

Ungezwungenes Denken liefert die besten Gedanken

Auf einen Blick: So entwickeln Sie Ihren Geist

- Finden Sie Ihre Arbeit überwiegend stressig oder in letzter Zeit eher langweilig? Dann bietet der Job zu wenig geistige Entwicklungsmöglichkeiten. Es besteht eine intellektuelle Disbalance.

- Versuchen Sie nicht, einen langweiligen Job zu ertragen. Das funktioniert nicht und zehrt aus. Ohne intellektuelle Entwicklung gibt es keine Balance im Leben.

- Die intellektuelle Entwicklung kommt nicht von allein. Sie sollten selbst etwas dafür tun. Werden Sie aktiv.

- Warten Sie nicht, bis die Arbeit von allein weniger stressig oder interessanter wird. Darauf könnten Sie lange warten. Werden Sie selbst aktiv.

- Gestalten Sie Ihren Job so, dass Sie sich dabei geistig weiterentwickeln können.

- Wenn Sie Hemmungen haben, sich Ihre Arbeit interessanter zu gestalten, gehen Sie auf diese Hemmungen ein, setzen Sie sich mit ihnen auseinander und überwinden Sie sie dadurch.

- Bietet Ihr Job zu wenig Freiräume für geistige Entwicklung, dann legen Sie sich ein oder mehrere Hobbys zu, die Ihren intellektuellen Bedürfnissen gerecht werden.

- Finden Sie heraus, wie oft und wie intensiv Sie Ihren Geist „füttern" sollten, damit Sie zufrieden mit Ihrer Entwicklung sind. Finden Sie Ihren persönlichen Balancepunkt.

- Finden Sie auch heraus, was Ihrem Geist gut tut: Lesen? Konzerte, Vorträge, Musik hören oder spielen, Fremdsprachen, Reisen, Gespräche …?

Die tägliche Stunde

- ❏ Ist Ihr Bekanntenkreis ohne jeden intellektuellen Anspruch? Umgeben Sie sich auch mit Menschen, an denen Sie intellektuell wachsen können.

- ❏ Sie haben ein Fitnessprogramm für Ihren Körper, legen Sie sich auch ein Fitnessprogramm für Ihren Geist zu. Gehirnjogging tut Not!

- ❏ Fernsehen zählt nicht als geistige Nahrung. Es sei denn, Sie schauen gezielt Sendungen, deren Themen Sie interessieren. Dasselbe gilt für Internetsurfen.

- ❏ Machen Sie sich keine Vorwürfe, wenn die geistige Entwicklung zu Beginn schwer fällt. An der Schule wurde uns beigebracht, dass Denken unkreativ und fremdbestimmt ist. Wir müssen kreatives, zwangloses Denken erst wieder lernen. Geben Sie sich die Chance.

- ❏ Nehmen Sie sich täglich mindestens eine Stunde nur für sich Zeit. Pflegen Sie in dieser Stunde auch Ihre intellektuelle Entwicklung.

- ❏ Verfolgen Sie Ihre geistige Entwicklung ohne Zwang, Stress, Druck, Erwartungen oder hoch gesteckte Ziele. Betreiben Sie die Entwicklung um der Entwicklung willen.

- ❏ Achten Sie immer darauf, dass Sie Spaß dabei haben. Machen Sie nur, was Spaß macht. Wenn es Spaß macht, entwickeln Sie sich hervorragend dabei.

6 Das körperliche Gleichgewicht: gesund und fit

Wo zwickt's?

Die körperliche Disbalance

Dass wir nicht die Fittesten sind, wissen die meisten von uns, wie die täglichen Äußerungen am Arbeitsplatz und im Freundeskreis zeigen:

→ „Ich sollte wieder mal etwas für die Gesundheit tun. Aber die Zeit!"
→ „Ich habe ein Abo fürs Fitnessstudio, gehe aber so gut wie nie dorthin."
→ „Ich kann abends schlecht einschlafen und wache morgens wie gerädert auf."
→ „Die Schwimmringe wachsen. Ich sollte mal wieder joggen."
→ „Das teure Mountainbike verstaubt im Treppenhaus."

So redet man zwischen 20 und 30 Jahren Lebensalter. Ab spätestens 35 Jahren nehmen die Äußerungen an Schärfe zu. Denn ab diesem Lebensalter beginnt es bei den meisten irgendwo zu zwicken und zu ziepen: Rücken, Magen, Kopf. Verspannungen, Migräneanfälle, Tinnitus, Verdauungsprobleme, übersäuerter Magen, Hörsturz, Bluthochdruck, Magengeschwür, Bandscheibe, Herzprobleme, Nervosität, Angstattacken, Kreislaufprobleme, chronische Infekte…
Selbst wenn es nicht gleich so gravierend kommt, fühlen sich viele entweder zu dick, zu schlapp oder irgendwie ständig erschöpft,

knapp an Atem nach drei Treppenabsätzen, außer Form. Zu viel Rauchen, zu viel Trinken, zu viel Kaffee, zu wenig Bewegung, zu wenig gesundes Essen.
Wer noch keine gesundheitlichen Probleme hat, hat zumindest ein schlechtes Gewissen, weil er zu wenig für die Gesundheit tut.

Beruf als Spitzensport

Mit Gesundheit und Fitness der meisten Berufstätigen ist es nicht zum Besten bestellt. Und das ausgerechnet in einer Zeit, in der Leistungsstress, Fremdbestimmtheit, Hyperhektik und Termindruck größer sind als jemals zuvor in den letzten 60 Jahren. Während unser Beruf sich, gemessen an den Anforderungen, zum Spitzensport entwickelte, entwickelten sich unsere allgemeine Gesundheit und unsere Fitness immer stärker zurück.
Im Beruf wird von uns verlangt:

Der moderne Beruf stellt die Anforderungen eines Spitzensports

→ gute bis sehr gute Gesundheit
→ gute bis sehr gute körperliche Fitness
→ hohe Belastbarkeit
→ überragende Stressresistenz auch unter Dauerstress
→ spontanes Erholungsvermögen, kurze Erholungszeiten
→ und dabei immer adrett, leicht gebräunt und motiviert aussehen

Ohne diese Fähigkeiten kann man heute kaum noch einen Job, geschweige denn einen Führungsjob gut machen.
Gute Gesundheit ist nicht nur wichtig, um ein Leben im Gleichgewicht zu führen. Sie ist auch entscheidend für das berufliche Gleichgewicht (s. Kapitel 2). Daneben ist Fitness im Zuge des Zeitgeistes auch zum privaten und gesellschaftlichen Erfolgsfaktor geworden: Couch Potatoes mag keiner, Schlappschwänze bringen es gesellschaftlich nicht weit. Schön muss man sein, und wenn nicht schön, so doch wenigstens fit wie ein Turnschuh.

Gute Gesundheit ist zum Engpassfaktor für beruflichen Erfolg geworden

Wie geht's uns denn heute?

Wie ist Ihr körperliches Befinden? Machen wir kurz und schmerzlos eine kleine Disbalance-Analyse. Kreuzen Sie ohne viel nachzudenken an, was voll und ganz auf Sie zutrifft:
- ❏ Ich schlafe in der Regel schnell und problemlos ein, schlafe wie ein Murmeltier durch und wache morgens frisch, erholt und fit auf.
- ❏ Ich halte mein Idealgewicht (wie auch immer definiert).
- ❏ Ich komme auch nach drei Treppenabsätzen nicht außer Atem. Zwei Stufen auf einmal zu nehmen ist kein Problem für mich.
- ❏ Ich habe glatte, gesunde Haut.
- ❏ Ich habe eine Verdauung wie ein Ochse; kann einfach alles essen.
- ❏ Eine halbe Stunde nach Feierabend habe ich geistig völlig abgeschaltet von der Arbeit.
- ❏ Ich habe ein erfülltes Sexualleben.
- ❏ Ich kann an Wochenenden das Zusammensein mit Familie oder Freunden unbeschwert genießen, ohne an die Arbeit zu denken.
- ❏ Mein Arzt ist rundum zufrieden mit mir.
- ❏ Meine Blutwerte sind in Ordnung.
- ❏ Mein EKG ist in Ordnung.
- ❏ Mein Blutdruck ist okay.
- ❏ Ich habe im Jahr nicht mehr als ein, zwei Erkältungen – und auch diese sind nach spätestens drei Wochen abgeheilt.
- ❏ Ich habe keine chronischen oder ständig wiederkehrenden Beschwerden.
- ❏ Ich kann mich stundenlang auf eine Aufgabe konzentrieren, ohne müde oder fahrig zu werden.
- ❏ Ich kann stundenlang ohne Rücken- oder Nackenschmerzen am Schreibtisch sitzen.
- ❏ An acht von zehn Tagen bin ich für meine Arbeit gut bis hoch motiviert.

- ❏ Ich fühle mich den Herausforderungen meiner Arbeit gewachsen.
- ❏ Nach Tiefschlägen rappele ich mich recht schnell wieder auf.
- ❏ Ich habe mich in letzter Zeit nicht wirklich über etwas oder jemanden ärgern müssen. Ich komme im Grunde mit allen Chefs, Kollegen, Kunden ... recht gut klar.

Was haben Sie angekreuzt?

Sie haben 20 Kreuze gemacht? Dann sollten Sie sich der medizinischen Fakultät einer Universität zur Verfügung stellen. Denn die suchen so ein Exemplar des Homo sapiens schon seit Jahren vergebens. Tatsache ist: Keiner von uns ist so gesund. Keiner, der in Westeuropa in einem abhängigen Beschäftigungsverhältnis arbeitet.
16 bis 18 Kreuze: Herzlichen Glückwunsch zu Ihrer guten Gesundheit. Woher kommt diese? Machen Sie auf jeden Fall weiter so. Auf den folgenden Seiten werden Sie vieles finden, das Sie bereits seit Jahren praktizieren. Fühlen Sie sich bestätigt in dem, was Sie tun, und lassen Sie sich hier und da zu Neuem anregen.
zehn bis 15 Kreuze: Sie sollten demnächst etwas für Ihre Gesundheit tun. Was, das lesen Sie auf den folgenden Seiten. Warten Sie nicht zu lange. Die Gesundheit wird davon nicht besser.
Weniger als zehn Kreuze: Bei dieser Punktzahl wird's bedenklich. Momentan ist an ein Leben im Gleichgewicht nicht zu denken. Also packen Sie's so schnell wie möglich an.
War diese Disbalance-Analyse wirklich nötig? Nein. Dass unsere Gesundheit nicht die beste ist, weiß eigentlich jeder. Trotzdem tun wir nichts oder zu wenig oder das Falsche für sie. Das ist das eigentliche Problem: Warum tun wir das?

Alles, was gut ist, schmeckt nicht

Was gesund ist, interessiert nicht

Wir wissen, dass wir nicht alles für unsere Gesundheit tun, was nötig wäre. Deshalb sind die vielen Gesundheits- und Fitnesstipps in den vielen Gesundheits- und Fitnessratgebern in Funk, Fernsehen und Literatur ausgesprochen zynisch: Die Autoren wissen ganz genau, dass 90 Prozent der Tipps sowieso nicht umgesetzt werden, dass die Leser und Zuschauer obendrein sich deshalb Vorwürfe machen und damit ihrer Gesundheit noch weiter schaden.

> Verstopfen Sie Ihren Verstand nicht mit noch mehr Gesundheitstipps, die Sie nie umsetzen werden. Bei Gesundheit und Fitness kommt es nicht auf die Tipps an. Es kommt auf die Überwindung der Umsetzungsprobleme an.

Die Frage „Was sollen wir für unsere Gesundheit tun?" ist uninteressant. Wir wissen das längst. Die entscheidende Frage, die in keinem einschlägigen Gesundheitsratgeber erschöpfend beantwortet wird, ist doch: Warum tun wir's nicht? Erst wer diese Frage geklärt hat, tut etwas für seine Gesundheit.

Gesundheit ist unangenehm

Gesundheit ist ein unangenehmes Thema. Etwas für die Gesundheit zu tun ist lästig, unangenehm, mit Aufwand und Anstrengung verbunden, tut weh oder schmeckt nicht und kostet Zeit, die keiner hat. So lautet die verbreitete Einschätzung.
Was viele nicht wissen: Es gibt zwar auch diese Art, etwas für die Gesundheit zu tun: mit zusammengebissenen Zähnen und Schweiß auf der Stirn. Doch das ist nicht die einzige Art. Es ist

darüber hinaus keine empfehlenswerte Art und auch keine, die wirklich gesund wäre. Denn:

> Wer mit zusammengebissenen Zähnen etwas für die Gesundheit tut, beschädigt gleichzeitig seine Gesundheit, weil das Zähnezusammenbeißen Stress verursacht. Und Stress schadet Immunsystem, Haltemuskeln und Herz, treibt den Blutdruck hoch und verengt die Arterien.

Das heißt: Wenn es gesund ist, Ihnen aber keinen Spaß macht, dann lassen Sie es sein – denn dann ist es auch nicht wirklich gesund.

Balancing, nicht Fitness

Was gesund ist, muss auch Spaß machen. Hier sehen Sie den feinen Unterschied zwischen Balancing und Fitness. In vielen Fitnessratgebern lesen Sie, dass Sie unbedingt etwas für Ihr Herz tun, also eine Ausdauersportart betreiben sollten. Aus diesem Grund quälen sich seit Jahren Millionen Menschen pflichtbewusst und ohne großen Spaß über die Joggingstrecken rund um ihren Wohnort. Diese spaßlose vorgebliche Gesundheitsvorsorge veranlasste einen Internisten einst zum Ausspruch: „Wer mit Überwindung joggt, lebt nicht länger – es kommt ihm lediglich so vor." Balancing dagegen sagt:

> Probieren Sie so viele Ausdauersportarten durch, bis Sie eine finden oder erfinden, die Ihnen so viel Spaß macht, dass Sie sich weder überwinden müssen noch an Ihre regelmäßige Betätigung denken müssen – einfach weil es Spaß macht.

Der Spaßfaktor ist der entscheidende beim Balancing. Ist es gut für Sie und macht es dazu noch Spaß, dann ist es wirklich gut für Sie.

Locker vom Hocker

Lassen Sie sich nicht von stressigen Gesundheitsangeboten irritieren – auch wenn diese an vorgeblich gesundheitsfördernden Orten wie Fitnessstudios propagiert werden.

„Ohne Schweiß kein Preis." „Zähne zusammenbeißen." Das sind Sprüche, die eher mit Masochismus denn mit Gesundheit oder gar Balance etwas zu tun haben.

Es gibt eine andere Art, etwas für die Gesundheit zu tun. Auch wenn diese nicht so intensiv beworben wird wie die „Just do it"-Art. Diese Art der Gesundheitspflege ist entspannend, macht Spaß, verursacht wenig Aufwand und verlangt nicht, dass man sein Leben total auf den Kopf stellt.

Gewiss: Wenn es Ihnen Spaß macht, auf dem Mountainbike zu knüppeln, bis das Blut kocht, dann verzichten Sie nicht auf diesen Spaß. Aber verwechseln Sie ihn nicht mit Gesundheitspflege. Denn erstens sind Spitzenbelastungen für die Gesundheitspflege nicht nötig und zweitens sind sie nicht förderlich. Es ist eben ein Spaß und nur ein Spaß.

Wie sieht die einfache, bequeme und leichte Art aus, etwas für die eigene Gesundheit zu tun? Das betrachten wir auf den folgenden Seiten. Einfach ist diese Art und Weise, weil Sie dafür im Grunde nur drei Dinge beachten müssen:

➔ Ernährung
➔ Bewegung
➔ Stressabbau

Gesunde Ernährung

Keine Rezepte, keine Kalorientabellen

Erwarten Sie hier keine Rezepte oder Kalorientabellen. Gesunde Ernährung ist sehr viel einfacher, als die meisten Ratgeber uns weismachen wollen. Warum wollen sie das? Weil man mit neuen, topmodischen Ernährungsmethoden mit pfiffigen Kürzeln wie „ABC-Diät" oder „Das Sunset-Programm" jede Menge Geld machen kann.

> Sie brauchen keine schicke Diät mit trendigem Namen. Sie brauchen einfach nur gesundes Essen.

Und was gesund ist, weiß der Mensch eigentlich schon lange. Es ist lediglich im Werbe-Hype der vielen neuen Kochmoden etwas untergegangen. Erinnern wir uns auf den folgenden Seiten an die einfachen, einleuchtenden und ohne Aufwand umsetzbaren Grundregeln gesunder Ernährung.

Essen Sie vielseitig statt einseitig

Wer normal lebt, isst normal. Leider leben die meisten Menschen heute nicht mehr normal. Sie arbeiten. Im Extremfall ernähren sie sich dann tagsüber von der sprichwörtlichen Wurstsemmel. Warum wohl hat die Wurstsemmel von Kommissar Rex Kultstatus erreicht? Weil jeder Berufstätige seine vorherrschende Ernährungsgewohnheit widergespiegelt sieht: um neun die Semmel, mittags zum Italiener (weil der um die Ecke liegt), nachmittags das süße Teilchen – und abends dann die richtige warme Mahlzeit. Puh, da wird einem schon vom Lesen magenflau.
Allzu viel von etwas Bestimmtem ist ungesund.
Also: zu viel Fleisch, zu viel Fast Food, zu viele Wurstsemmeln

Essen Sie so vielseitig wie nur möglich

und süße Teile, zu viele Schokoriegel und Soft Drinks ... Wie die Mama schon sagte: von allem etwas essen.

Essen Sie heute mittag eben nicht schon wieder beim Italiener, sondern variieren Sie ganz bewusst. Wenn es gestern das süße Teil war, wie wäre es heute mit einer Banane, einem Milchshake, Trauben, einem Reisbrei ...

Gewiss: Gewohnheitsmäßiges Essen ist damit passé. Statt einfach zur gewohnten Pizzaschnitte zu greifen, müssen wir überlegen: Was esse ich jetzt? Das ist unbequem, aber gesund. Was spüren Sie lieber? Bequemlichkeit oder Gesundheit?

Warum entscheiden sich viele Menschen für die Bequemlichkeit? Weil Nahrungsaufnahme während der Arbeit für viele einfach eine lästige Pflicht ist, damit der Magen nicht knurrt. Aber sich abends darüber beschweren, dass die Arbeit langsam das Leben auffrisst ...

Wer Essen nur noch als Nahrungsaufnahme wahrnimmt, zeigt ein deutliches Symptom einer Disbalance.

Denn er hat zu genießen verlernt. Essen Sie vielseitig, nicht weil das gesund ist und man das eben machen muss, sondern weil es Genuss bereitet, öfter mal etwas Neues auszuprobieren, Abwechslung in den Speiseplan zu bringen. Entdecken Sie diesen Genuss für sich. Dann essen Sie gesund *und* haben Ihren Spaß dabei.

Essen Sie ausgewogen

Essen Sie ausgewogen, das heißt im richtigen Verhältnis

Obst ist gesund. Wer sich jedoch ausschließlich von Obst ernährt, wird bald heftige Probleme mit der Verdauung bekommen. Wir brauchen, um fit und gesund zu bleiben, täglich ein wenig Fett (ohne geht's nicht), etwas mehr Eiweiß, viel Ballaststoffe, viel mehr Kohlehydrate und eine ganze Menge Vitamine und Mineralstoffe. Wer in diesen ungefähren Größenverhältnissen isst, ernährt sich gesund.

Gesunde Ernährung

Essen Sie in Maßen

Kennen Sie die wagenradgroßen Pizzen beim Italiener? Das tellergroße Steak im Steakhouse? Den Riesensalatteller von der Salatbar? Welches Motto steht dahinter? „Viel ist besser." Das stimmt nicht. Wer braucht schon zwei Teller Pasta? Ein Holzfäller? Ein Büroarbeiter ganz sicher nicht. Selbstverständlich dürfen Sie beim Grillabend auch mal kräftig über die Stränge schlagen und ein Steak, zwei Würste, ein halbes Dutzend Ribs und (inzwischen sanft aufstoßend) drei Hamburger verdrücken. Bei Tante Käthes Geburtstag dürfen Sie fünf Tortenstücke verdrücken. Doch das sollten die Ausnahmen sein.

Denn selbst von Vitaminen kann man zu viel zu sich nehmen. Das tut dann den Nieren und den Gefäßen gar nicht gut. Im August 2002 meldete dpa, dass alle bisherigen Medikamente und Mittelchen, die getestet wurden, um das menschliche Leben zu verlängern, keine nachweisliche Wirkung gezeigt hätten. Allein die Reduktion der Nahrungsaufnahme um ein Drittel der üblichen Kalorienmenge hätte eine bedeutende lebensverlängernde Wirkung, begleitet von einer Stärkung der Gesundheit. Die Lebensversicherer wissen das bereits seit 50 Jahren: Übergewichtige sterben früher als Normalgewichtige.

Zu viel Essen schadet – weniger ist mehr

Trinken Sie ausreichend

Zwei Liter am Tag trinken (bei körperlich anspruchsloser Tätigkeit) – jeder weiß das inzwischen. Trotzdem werden jährlich einige zehntausend Büroarbeiter wegen Nierensteinen behandelt. Fast 90 Prozent dieser Behandlungen könnten mit den berühmten zwei Litern verhindert werden. Warum trinken wir nicht? Weil wir dran denken müssen. Und Denken funktioniert dabei nicht. Der Mensch wurde niemals als Denktier, aber schon oft als Gewohnheitstier bezeichnet.

Zwei Liter schaffen Sie nur mit Gewohnheit

Machen Sie aus dem Trinken eine Gewohnheit. Wie Sie das schaffen, hängt davon ab, was bei Ihnen eine gute Gewohnheit darstellt. Frank, 38 Jahre, Abteilungsleiter, sagt zum Beispiel:

„Die Büroflasche steht stets neben der PC-Tastatur. Ich habe mir vorgenommen, bis zwölf Uhr eine Literflasche, bis 17 Uhr die zweite und am Feierabend die dritte zu leeren." Bei ihm funktionierte das nach drei Monaten Eingewöhnungszeit.

Was funktioniert bei Ihnen?

Zwei Liter kohlensäurehaltiges Wasser zu trinken fällt vielen Menschen schwer. Steigen Sie auf kohlensäurereduziertes oder -loses Wasser um oder wechseln Sie ab.

Übrigens: Der Grenzwert für Sulfat im Trinkwasser liegt in Deutschland bei 240 Milligramm pro Liter. Warum? Weil jenseits dieses Grenzwertes das Sulfat im Wasser immer stärker den Körper entwässert. Sie schwemmen also das Wasser, das Sie eben trinken, wieder aus und noch körpereigenes hinzu. Schauen Sie mal auf das Etikett Ihres Wassers. Viele Mineralwässer haben bedeutend mehr Sulfat. Warum? Weil Mineralwässer nicht der Trinkwasserverordnung unterliegen.
Tun Sie jetzt gleich etwas fürs körperliche Gleichgewicht: Wie viel haben Sie heute schon getrunken? Reicht es? Nehmen Sie am besten gleich ein Glas Wasser zu sich. Wir warten so lange auf Sie. Balancen Sie jetzt.

Behalten Sie schlechte Angewohnheiten im Auge

Glaubt man den einschlägigen Ratgebern, dann sollte man Tabak, Kaffee, Alkohol, Tabletten, Chips, Dips, Süßigkeiten, fette Saucen und andere leckere Dinge sofort und dauerhaft aufgeben. Denn das sind schlechte Angewohnheiten. Wenn der Arzt sagt: „Geben Sie den Wein auf, dann leben Sie noch 30 Jahre", sagen viele Rentner: „Dann lebe ich lieber keine 30 Jahre mehr." Warum? Weil sie total borniert sind? Nein, weil bei besonders al-

Gesunde Ernährung

ten und besonders jungen Menschen oft das Balancegefühl recht gut funktioniert:
Ein lasterloses Leben wäre möglicherweise gesund – doch in Balance wäre es sicher nicht. Wer wegen eines Schokoriegels gleich den heiligen Zorn des Hippokrates kriegt, bewegt sich vom Gleichgewicht weg, nicht darauf zu.

> Gönnen Sie sich ruhig hin und wieder Ihr Laster. Aber behalten Sie es im Auge.

Hin und wieder ein süßes Teilchen hat schon was. Doch wer nach jeder Mahlzeit eines als Dessert haben muss, hat ein Problem. Alles in Maßen ist gesund. Achten Sie darauf, das rechte Maß zu halten.

Sie können sich nicht beherrschen?

Sie kennen Ihre Laster, können sich aber regelmäßig nicht beherrschen? Wenn Sie Schokolade essen, essen Sie gleich die ganze Tafel? Wenn Sie sich am Abend ein Glas einschenken, wird gleich eine Flasche daraus?
Der Schokorausch im Büro wird oft von Frust oder Stress verursacht. Ist man gefrustet oder gestresst, gönnt man sich was Süßes. Je größer der Frust, desto größer die Kompensation. Wie durchbrechen Sie dieses unheilvolle Reaktionsmuster? Ganz einfach:
Fragen Sie sich: Was kompensiere ich damit?
Das unheilvolle Reaktionsmuster ist unbewusst. Deshalb erwischt es uns immer auf dem linken Fuß, deshalb sind wir oft so unbeherrscht. Machen wir dieses unbewusste Muster bewusst, kann es uns nicht länger unbewusst manipulieren. Wenn Ihre Antwort auf die Kompensationsfrage (s. o.) lautet: „Ich rauche, weil ich gestresst bin", nimmt bei vielen Rauchern allein durch dieses Bewusstwerden der Drang zu rauchen ab. Das ist die Macht des Be-

Finden Sie heraus, was Sie mit unbeherrschtem Verhalten kompensieren

wusstseins. Falls es dann noch nötig sein sollte, stellen Sie sich eine zweite Frage. Was kann ich anderes dafür tun?

Wenn Sie zum Beispiel Schokolade futtern, wenn Sie gefrustet sind, fragen Sie sich: Was hilft mir außer Schokolade über meinen Frust hinweg? Hier kommt wieder das Individualprinzip des Balancing zum Tragen: Bei jedem ist es etwas anderes, das hilft.

> Brigitte zum Beispiel hat festgestellt, dass sie weniger Schokolade isst oder ganz darauf verzichten kann, wenn sie ihren Frust los wird, indem sie mit Kollegen oder Mitarbeitern über den Auslöser des Frusts fünf Minuten lästert. Ihr hilft das.

Was hilft Ihnen? Finden Sie's heraus. Das ist Balancing.

Nehmen Sie sich Zeit fürs Essen

Viele Berufstätige haben Magen- und Verdauungsprobleme. Viele Pillen werden dagegen geschluckt. Viele dieser Beschwerden könnten allein dadurch vermieden werden, dass man sich Zeit fürs Essen nimmt. Was tun wir stattdessen? Wir hetzen schnell zum Essen, stopfen rasch etwas runter und werfen danach zwei Pillen ein, damit der Magen mit dem Schnellfraß auch zurechtkommt.

> Viele Berufstätige sind nicht magenkrank. Sie essen lediglich zu schnell.

Das hat mit Disbalance schon nichts mehr zu tun, das ist Körperverletzung. Seltsam, nicht wahr? Wenn wir eine solche Grausamkeit einem anderen zufügen würden, würden wir ins Gefängnis wandern. Tun wir's uns selbst an, kommen wir straffrei davon.

> Wenn wir andere und anderes stets wichtiger nehmen als unser eigenes Wohlergehen, werden wir nicht in Balance kommen.

Sie sind auch ein wichtiger Mensch, respektieren Sie das. Wer schnell isst, kaut nicht gut und belastet damit seine Verdauung unnötig. Verdauung beginnt im Mund. Was dort nicht vorverdaut wird, müssen nachher der Magen und der Darm wettmachen. Dafür wurde unsere Verdauung nicht konstruiert. Sie kommt nun eben mal nicht damit aus, dass plötzlich eine komplette Vorverdauungsstufe ausfällt.
Außerdem ist, wer schnell isst, meist im Stress. Und unter Stress wird die Verdauung heruntergefahren. Das hängt mit der evolutionsbedingten Flucht-oder-Kampf-Reaktion zusammen. Wenn wir früher vor dem Säbelzahntiger flohen, brauchten wir das ganze Blut für die Muskeln der Beine – nicht für die Verdauung.
Kauen Sie gut, schlingen Sie nicht. Zehn Minuten Mittagspause in Ruhe sind besser als 60 Minuten in Hektik. In Ruhe wenig essen ist besser als viel essen im Stress. Es ist noch keiner während der Arbeit verhungert. Aber es sind schon viele aufgrund von zu schnellem und zu viel Essen erkrankt.

Essen Sie lieber weniger, dafür so stressarm wie nur irgend möglich

Wer neben dem Essen liest, TV schaut, arbeitet oder Geschäftsgespräche führt, kann genauso gut einen Stein schlucken. Der hat ungefähr dieselbe Wirkung auf die Verdauung.

Denn erstens kaut man nicht ausreichend, wenn man nebenher etwas anderes tut. Und zweitens merkt man oft nicht, wenn man satt ist, futtert munter weiter und überlastet den Organismus.

Balancevoraussetzung: Achtsamkeit

Das wissen Sie alles längst? Natürlich wissen Sie das alles längst. Das hat uns schließlich schon Mama gesagt: „Schling nicht!" Warum tun wir's trotzdem? Warum bekommen wir unser ernährungsbedingtes Ungleichgewicht nicht in den Griff? Weil wir es zwar merken, wenn wir mal wieder zu schnell zu viel gegessen haben – aber leider meist erst danach, wenn der Magen drückt.

Das Sofortprinzip des Balancing: Achten Sie jetzt auf die Balance!

Unser Leben ist auch deshalb an vielen Stellen aus den Fugen geraten, weil sich das Nachher-Prinzip eingebürgert hat. Ich sitze mir gerade das Kreuz krumm – da sollte ich heute Abend mal wieder Rückengymnastik machen. Meine Partnerin ist sauer – ich sollte am Wochenende etwas mit ihr unternehmen. Warum erst dann? Warum nicht sofort etwas unternehmen? Weil keine Zeit ist? Schlechte Ausrede. In Kapitel 4 sahen wir, dass Zeit keine Rolle spielt. Man kann auch in Sekunden etwas für die Balance tun. Tun Sie's.

> Was ist aus dem Lot? Was können Sie dagegen tun? Nehmen Sie das ruhig wörtlich und checken Sie das mal ab: Wie steht es in diesem Augenblick um die einzelnen Segmente Ihres WLB-Rades? Gibt Ihnen die Arbeit gerade, was Sie brauchen? Sind Sie sozial gut versorgt? Ist in Ihren emotionalen Bindungen alles in Ordnung? Ist Ihr Geist noch wach? Wie geht es Ihrem Körper beim Lesen – zwickt der Rücken, brennen die Augen, drückt der Nacken? Was können Sie dagegen tun? Es gibt immer etwas, das Sie dagegen tun können. Schließlich sind Sie nicht eingesperrt. Niemand bedroht Sie mit einer Pistole.

Wir erkennen an dieser kleinen Übung, dass eine wesentliche, wenn nicht die wesentlichste Voraussetzung für ein Leben in Balance die dauerhafte Achtsamkeit, die Aufmerksamkeit für das eigene Wohlergehen ist. Die Zen-Philosophen sagen sogar, dass sie die einzige Voraussetzung ist: Das, worauf wir unsere Aufmerksamkeit richten, nimmt zu in unserem Leben. Wer jede Minute des Tages (oder wenigstens so viele Minuten wie möglich) *bei sich ist*, wird jede auftretende Balancestörung sofort bemerken, beseitigen oder doch abmildern können. Das ist Balancing. Bei sich sein. Auf sich selbst achten. Sich freundlich behandeln. Sich fragen: Wie geht es dir? Was fehlt dir? Was kann ich für dich tun? Bitteschön, keine Ursache, mache ich doch gern. Ich bin gern für dich da.

Gesunde Ernährung

> Leben Sie nach dem Sofortprinzip des Balancing und achten Sie bei jeder Mahlzeit darauf, was Ihnen gut tut. Wenn Sie zum Beispiel bei der Arbeit viel sitzen, essen Sie eben bewusst leicht verdauliche Dinge – oder machen Sie nach dem Essen einen kleinen Verdauungsspaziergang. Achten Sie auf Ihren Körper und fragen Sie sich: Wie sollte ich essen, trinken, damit es ihm und mir besser geht? Ihr Körper wird es Ihnen sagen.

Wie viel Mahlzeiten am Tag?

Früher hieß es, man solle sich nicht dreimal am Tag den Bauch vollschlagen, sondern die Nahrungsaufnahme auf fünf kleinere Mahlzeiten verteilen. Es hieß auch, man solle gut frühstücken und wenig zu Abend essen. Heute kommt die Medizin von solchen Empfehlungen ab. Ja was denn nun? Drei- oder fünfmal am Tag? Das ist eine Frage, die die Medizin zur Zeit scheinbar nicht klären kann. Das Balancing kann sie klären, und Sie wissen auch schon, wie: Das kommt darauf an. Nämlich auf Sie, auf Ihr persönliches Gleichgewicht.

Essen Sie so oft, wie es Ihnen gut tut

Wer sich dazu zwingen muss, fünfmal am Tag zu essen, isst sicherlich ungesünder als jemand, der mit Lust, Laune und viel Zeit zweimal am Tag isst.

Finden Sie selbst heraus, was Ihnen gut tut. Manchen knurrt der Magen um zehn Uhr, andere können ohne Mittagspause durcharbeiten, wiederum andere können nur abends etwas essen, weil tagsüber zu viel Stress ist. Ihr Körper sagt Ihnen, was ihm gut tut. Hören Sie auf ihn. Behandeln Sie ihn wie einen guten alten Freund. Er wird es Ihnen danken. Auch das ist Balancing.

Regeln, die zu Zwängen werden, verhindern die Balance

Obst, Salate, Gemüse

Derzeit wird die Faustregel propagiert: „Fünfmal am Tag!" Es ist kaum vorstellbar, dass jemand, der fünfmal am Tag Obst, Salat oder Gemüse mit zusammengebissenen Zähnen herunterwürgt, ein ausgeglichenes Leben führt.

Hüten Sie sich vor Faustregeln. Faustregeln sind pauschal. Sie aber sind ein Individuum. Und jedes Individuum hat ein anderes Gleichgewicht.

Ganz sicher braucht der Mensch täglich Obst, Salat, Gemüse. Doch schon beim Salat wird es problematisch. Viele Menschen vertragen zumindest bestimmte Salate nicht. Wussten Sie das? Das wird nämlich bei den verbreiteten Faustregeln immer verschwiegen. Es gibt Menschen, denen tut Salat überhaupt nicht gut, die sollten vielmehr gedünstetes Gemüse essen. Das schmeckt ihnen bezeichnenderweise auch viel besser. Hören Sie nicht auf Faustregeln, hören Sie auf Ihren Körper. Wenn Sie seine Sprache nicht mehr sprechen, sprechen Sie mit einem gutem Ernährungsberater. Die örtlichen Krankenkassen und viele Hausärzte führen Listen. Bei diesen Listen ist halbwegs gewährleistet, dass Sie nicht an einen Ernährungsberater geraten, der sich das Schild einfach nur so an die Tür geklebt hat, ohne entsprechende Kompetenz vorweisen zu können.

Essen Sie täglich von Obst, Salat und Gemüse so viel, wie Ihnen schmeckt und gut tut.

Sie werden mit der Zeit dabei zu jener Menge gelangen, die Sie in Balance hält.

Die Küche total umkrempeln?

Sollten Sie ab sofort vegetarisch essen oder nur noch makrobiotisch kochen oder einer anderen Küche oder Spezialdiät den Vorzug geben? Wenn es eine Krankheit nahe legt, wenn Sie große Lust darauf haben oder wenn es Ihnen wirklich gut tut, dann ja. Sonst nein.
Krempeln Sie weder Ihr Leben noch Ihre Küche total um – es sei denn, Sie haben Spaß daran. Ansonsten gilt: Machen Sie keinen Aufstand. Machen Sie kleine Schritte, einen nach dem anderen.

Was kann Gutes dabei herauskommen, wenn Sie sich selbst zwingen?

Gesunde Bewegung

Bewegungsmangel-Erkrankungen

Wenn wir die Zivilisationskrankheiten auflisten, bei denen Bewegungsmangel eine Rolle spielt, kommt schnell fast das komplette Spektrum zusammen: Herz-Kreislauf-Erkrankungen, Rückenprobleme, Verdauungsprobleme, Depressionen, Diabetes, Übergewicht, Bluthochdruck ...
Bewegung hat direkte Auswirkungen auf das psychische Wohlbefinden. Nach dem Joggen, Walken, Radfahren oder Schwimmen, nach Volleyball oder einer Runde Tennis fühlt man sich einfach besser. Viele Menschen werden ungenießbar und fühlen sich unwohl, wenn sie terminbedingt auf ihren abendlichen Freizeitsport verzichten müssen.

Wir sind oft nicht wirklich krank, uns fehlt lediglich Bewegung

> Der Mensch ist für die Bewegung konstruiert. Bewegt er sich nicht ausreichend oder falsch, nimmt er körperlich und geistig Schaden.

Der natürliche Bewegungsdrang

Kinder haben einen natürlichen Bewegungsdrang. Sie können nirgends auch nur für zehn Minuten stillsitzen. Dieser Bewegungsdrang ist die Reglergröße für das körperliche Gleichgewicht: Gerät das Kind aus dem Gleichgewicht, schaltet sich der Bewegungsdrang ein. Was machen Eltern, Schule und Gesellschaft? Sie schalten diesen Regler unserer Gesundheit aus: „Sitz still, Kind!" Würde man in diesem schroffen Befehlston über eine längere Zeit mit seinem Ehepartner reden, könnte man die Ehe ohne weiteres wegen seelischer Grausamkeit scheiden lassen.

Da nun der kybernetische Regelkreislauf gestört ist, kann der heranwachsende Mensch als Erwachsener an vielen bewegungsmangelbedingten Krankheiten leiden, was ein wichtiger Wirtschaftsfaktor ist. Man denke an die vielen Arbeitsplätze im Gesundheitswesen. Sie wollen sich nicht für die Arbeitsplätze fremder Leute opfern? Dann ergreifen Sie eine Sofortmaßnahme: Wann immer Sie Drang zur Bewegung verspüren, geben Sie ihm nach.

Denn selbst bei total verzogenen Erwachsenen bricht der Drang – eben weil er zwei Millionen Jahre der wichtigste Instinkt des Menschen war – hin und wieder mit Macht hervor. Dann geben Sie ihm nach. Bewegen Sie sich. In jedweder Form. Reden Sie sich nicht ein: „Das geht jetzt nicht!" Natürlich können Sie nicht (immer) vom Arbeitsplatz aufstehen und eine Runde Tennis spielen. Doch Sie können irgendeine andere Bewegung wählen: auf dem Stuhl herumzappeln, Papierbälle in den Papierkorb werfen, einen Botengang dazwischenschalten, „Mal im Lager nach dem Rechten sehen", Schattenboxen, auf den Hometrainer oder das Mini-Trampolin steigen – in vielen Unternehmen ist das gestattet oder wird sogar zur Verfügung gestellt. Solche Fitnessgeräte sind Teil der unternehmerischen Balancing-Programme (s. Kapitel 2, Abschnitt „Balancing im Betrieb"). Bei Ihnen noch nicht? Dann regen Sie es doch an.

Einseitige Belastungen vermeiden

Viele Berufstätige missverstehen den Begriff „Ausgleichssport". Sie sitzen sich zehn Stunden lang im Büro das Kreuz krumm und glauben, dass eine Stunde Rückengymnastik pro Woche das ausgleichen kann. Das ist mehr als naiv. Warum Ausgleichssport betreiben? Warum sich nicht gleich so bewegen, dass Sie danach eben nichts ausgleichen müssen?

Wenn Sie sitzend arbeiten, dann räkeln, strecken und dehnen Sie sich so oft, wie Sie mögen, oder so oft wie eben möglich. Zappeln Sie auf dem Stuhl herum. Sie werden bemerken, wie gut es Ihnen tut.

Vermeiden Sie einseitige Belastungen

Machen Sie die Probe aufs Exempel. Räkeln und strecken Sie sich doch mal. Atmen Sie tief durch. Jetzt. Wir versprechen auch, dass wir nicht ohne Sie weitermachen.

Na? Hat gut getan, nicht wahr? Das erfrischt. Wenn Sie den Effekt noch steigern möchten: Es gibt eine Menge Übungen, die man im Sitzen ausführen kann, ohne dass es jemand merkt. Lesen Sie doch mal etwas über Feldenkrais oder Ismakogie, um nur zwei Bewegungsschulen zu nennen, die mit Minimalbewegungen Muskeln lockern und Verspannungen lösen.

Richten Sie sich Ihren Arbeitsplatz so ergonomisch wie möglich ein.

Dazu gibt es übrigens Vorschriften. Sie müssen zum Beispiel nicht an einem Bildschirmarbeitsplatz dauerhaft arbeiten, bei dem Sie „um die Ecke schauen" müssen (Screen links, Tastatur rechts). Richten Sie sich Ihren Arbeitsplatz so ein, dass Sie Verspannungen oder Gelenkschmerzen aufgrund einseitiger Belastung vermeiden. Das sollten Sie sich wert sein. Gewiss, das alles macht zusätzlichen Aufwand und vielleicht schauen Sie auch der

Chef oder die Kollegen komisch an. Aber was soll's? Es ist Ihr Leben.

Lernen Sie, richtig zu sitzen.

Also mit Sitzkeil? Oder auf dem Sitzball? Oder auf dem 1500 Euro teuren Superbürosessel mit dreifach gelagerter Gasdruckkippmechanik? Sie kennen die Antwort: Das kommt darauf an. Nämlich auf Sie. Kein Rücken ist wie der andere. Jedem tut etwas anderes gut. Finden Sie heraus, was Ihnen gut tut. Das ist Balancing. Balancing ist etwas, das Ihnen kein Arzt, kein so genannter Experte abnehmen kann. Es gibt nur einen Menschen auf der Welt, der Sie ins Gleichgewicht bringen kann. Sie kennen ihn. Vielleicht nicht besonders gut. Aber Sie werden ihn kennen lernen. Je besser Sie ihn kennen lernen, desto besser wird er Sie in Balance bringen.

Egal wie gesund Sie sitzen, egal wie oft Sie sich räkeln – stehen Sie mindestens jede Stunde einmal auf und gehen Sie etwas umher.

Spontanausgleich

Wenn Menschen das Wort „Ausgleich" benutzen, denken sie an Tennisspielen am Feierabend, Radeln, Joggen oder Schwimmen. Das ist, wie schon erwähnt, naiv. Eine Stunde Tennis kann nicht zehn Stunden Sitzen ausgleichen. Sie können einseitige Belastungen nicht immer vermeiden.

Einseitige Belastungen, die Sie nicht ganz vermeiden konnten, sollten Sie ausgleichen – aber sofort!

Wenn also der Nacken bei der Arbeit schmerzt, warten Sie nicht bis zum Abend, um sich einen Ausgleich (Massage, Schwimmen, Workout, Stretching) zu verschaffen, sondern gleichen Sie dann aus, wenn der Nacken schmerzt – am besten noch davor.

> Die Brustwirbelsäule aufzurichten, den Hinterkopf leicht nach hinten zu schieben, ein Doppelkinn zu machen und dabei die Schultern aktiv nach unten zu ziehen, ist eine der besten Nackenlockerungsübungen überhaupt. Machen Sie sie doch gleich mal (auch wenn Sie die letzten drei Zeilen nochmals lesen müssen). Tut gut? Dann gleich nochmals. Und nochmals. So lange, bis der letzte Rest von Verspannung im Nacken verschwunden ist. Meist ist das nach fünf bis zehn Wiederholungen der Fall.

Dieser simple Spontanausgleich kostet nichts, fällt keinem bei der Arbeit auf und verhindert Verspannungen und Spannungskopfschmerzen. So gibt es für jede einseitige Belastung einen Spontanausgleich. Für das ständige Starren auf den Screen gibt es Augengymnastik (Quellen: Broschüren der Krankenkassen, Bücher, Internet, Optiker, Augenärzte). Für schmerzende Beine durch zu langes Stehen gibt es den Wadenheber (hundertmal auf den Zehenspitzen stehen).
Worin besteht Ihre einseitige Belastung? Welches ist der passende Spontanausgleich dazu? Finden Sie es heraus. Das ist Balancing. Das macht ein wenig Aufwand, aber auch viel Spaß. Und: Sie fühlen sich wohl dabei und bleiben länger fit.

Spezifischer After-Work-Ausgleich

 Harald ist Chef einer Malerkolonne und muss bei der Fassadensanierung Gerüstteile und schwere Farbkübel schleppen. Sein Kreuz macht ihm mörderisch zu schaffen. Deshalb freut er sich, dass er sich wenigstens zweimal pro Woche ordentlich bewegen kann – beim Fußballspielen mit den Kumpels. Harald meint es gut, aber er tut sich nichts Gutes. Denn vom Kicken wird sein Kreuz nicht gerade besser.

Wenn Sie Ausgleich betreiben, dann spezifisch

Der meiste so genannte Ausgleichssport ist kein Ausgleich. Sie dürfen ruhig so viel Sie möchten Kicken, Tennisspielen oder Tai-Chi betreiben. Aber bezeichnen Sie das bitte nicht als Ausgleich. Denn es ist keiner. Er gleicht nämlich nicht das aus, was er ausgleichen soll. Harald braucht einen Ausgleich zum schweren Heben und Tragen: kräftigere Arm-, Bein- und Rumpfmuskeln. Seit sein Fitnesscoach ihn darauf aufmerksam gemacht hat, geht er zwar wie üblich zweimal pro Woche den Ball treten. Doch jeden Tag macht er 15 Minuten Muskelaufbau mit Übungen, die ihm ein Trainer gezeigt hat. Schon nach sechs Wochen (so lange braucht ein normaler Muskelaufbau) hebt er viel leichter bei der Arbeit, das Kreuzweh verschwindet.
Welchen spezifischen Ausgleich brauchen Sie? Finden Sie es heraus. Das ist Balancing. Übrigens: Viele der so genannten Ausgleichssportarten benötigen selbst einen Ausgleich. Wer zum Beispiel joggt, sollte etwas für seine Rumpfmuskeln tun. Wer Fußball spielt, sollte etwas für die kniestabilisierenden Muskeln tun. Jede einseitige Belastung braucht einen Ausgleich.

Sport

Der Mensch braucht Bewegung – von Sport war nie die Rede. Sport ist Mord – das ist zwar überzogen formuliert, doch ein Körnchen Wahrheit steckt dahinter. In jeder Freizeit-Fußballgruppe, jeder Freizeit-Volleyballgruppe vergeht kein Jahr, in dem nicht mindestens zwei schwere Sportunfälle passieren. An einem sonnigen Tag im Januar sind die Pistenretter in den angesagten Skigebieten der Alpen acht Stunden nonstop im Einsatz.

Sport ist nicht nur wegen der Verletzungsgefahr mit Vorsicht zu genießen. Viele Sportarten sind auch tendenziell ungesund. Joggen zum Beispiel ist Gift für die Gelenke und fürs Kreuz (daher gibt es seit einiger Zeit Walking oder Nordic Walking). Beim Bodybuilding kommt meist die Herz-Kreislauf-Prävention (Ausdauertraining, s. u.) zu kurz. Tennis geht auf die Sprunggelenke und das Schultergelenk.

Tatsächlich sollte man ausgesprochen fit sein, um die typischen Breitensportarten auszuüben. Die meisten Freizeit-Volleyballer sollten zum Beispiel überhaupt nicht Volleyball spielen, weil die Schultermuskulatur viel zu wenig mobilisiert, die Rumpf- und Sprungmuskulatur den stoßartigen Belastungen nicht gewachsen sind.

Sport macht Spaß – aber er ist weder gesund noch nötig

Treiben Sie ruhig den Sport, der Ihnen Spaß macht. Sorgen Sie aber vor allem für Bewegung, die Ihnen gut tut.

Sport macht Spaß – aber Bewegung ist gesund

Bewegen Sie sich so viel wie nur möglich. Heben Sie jede Büroklammer vom Boden auf, die Sie sehen. Lassen Sie das Auto stehen, nehmen Sie für Kleineinkäufe das Rad, gehen Sie öfter mal zu Fuß, nehmen Sie die Treppe statt des Fahrstuhls. Wenn Sie einen Sport betreiben, üben Sie ihn so aus, dass Verletzungs- und Gesundheitsrisiko möglichst gering sind. Fußballspielen zum Beispiel in einer Freizeitgruppe, die ohne Körperkontakt spielt. Skifahren nur mit jährlich überprüfter Sicherheitsbindung und erstklassig trainierter Kniemuskulatur.

Das wichtigste Prinzip bei der Bewegung: viel bewegen, wenig belasten

Ausdauertraining

Ausdauertraining ist die beste Prävention gegen Gefäßerkrankungen, Herzinfarkt und Schlaganfall. Außerdem beugt es Bluthochdruck, Diabetes und Übergewicht vor, pflegt die Gelenke und setzt Endorphine (Wohlfühlhormone) im Blut frei.

Jeder Mensch sollte sein Herz trainieren

Walking, Nordic Walking, gelenkschonendes Jogging, Radfahren, Schwimmen, Spinning, Radeln auf dem Hometrainer, Wandern, strammes Spazierengehen oder Training auf Stepper, Ellipsentrainer oder Rudermaschine – all das trainiert „die Pumpe" also das Herz-Kreislauf-System. Suchen Sie sich jene Bewegungsart aus, die Ihnen gut tut und die am besten in Ihren Tagesablauf passt, so dass Sie sie zwei- bis viermal die Woche für je circa 20 Minuten ausüben können. Wer lange genug sucht, findet eine Bewegungsart, die ihm so viel Spaß macht, dass er sie gern jeden Tag betreibt.

Zwingen Sie sich zu nichts

Wenn Sie ein bestimmtes Ausdauertraining nicht durchhalten können, dann liegt es nicht daran, dass Sie zu wenig Disziplin haben oder Ausdauer nichts für Sie ist. Es liegt daran, dass Sie noch nicht das für Sie ideale Ausdauertraining gefunden haben. Suchen Sie weiter.

Suchen ist nötig. Denn wer mit zusammengebissenen Zähnen radelt, tut sich nicht wirklich gut – außerdem bleibt er nicht lange dabei. Denn man kann sich nicht zehn Jahre lang überwinden. Warten Sie nicht erst, bis der Arzt Ihnen sagt, Sie müssten etwas für die Pumpe tun. Dann müssen Sie sich nämlich wirklich zwingen – Spaß macht das dann selten.

Wenn Sie schon lange nichts mehr für Ihre Ausdauer getan haben, fragen Sie vorher Ihren Arzt, ob und wie Sie womit beginnen dürfen.

Es gibt so viel Ausdauersportarten – da finden Sie sicher eine, die zu Ihnen passt und die Sie auch mit Spaß betreiben können.

Stressabbau

Stressresistenz ist erlernbar

Stress ist jener Störfaktor, der das physische und psychische Gleichgewicht des modernen Menschen am stärksten aus dem Lot bringt. Dafür, dass Stress große Teile unseres Lebens (negativ) bestimmt, können wir erstaunlich schlecht mit ihm umgehen. Den Balancestörungen durch Stress sind wir ziemlich hilflos ausgeliefert. Das ist nicht unsere Schuld allein. Denn niemand hat uns Stressabbau beigebracht, so nötig er auch wäre.
Wie reagieren die meisten Menschen auf Stress? Sie lassen sich stressen. Sie ducken sich, ziehen das Genick ein (daher Nackenschmerzen und Spannungskopfschmerz), lassen die Stressattacke über sich ergehen und versuchen nach Feierabend, irgendwie abzuschalten, was meist nicht ganz gelingt.

Viele Menschen behandeln den Stress wie das Wetter: Kann man halt nichts dagegen machen. Das ist Unfug.

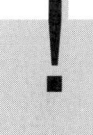

Stress ist keine höhere Gewalt. Stress ist ein Störfaktor, den stressresistente Menschen vollständig reduzieren können. Man kann niemals Unfälle, Pannen und Rückschläge ganz vermeiden. Aber man kann vermeiden, sich davon stressen zu lassen. Das tun wir jetzt.

Umgang mit Stress

„Ich muss mir etwas Ausgleich verschaffen. Der Tag war heute sehr stressig." Viele Menschen kennen tatsächlich nur ein Instrument für den Stressabbau: den Ausgleich. Dass dieses Instrument das schwächste ist und eigentlich nur angewandt werden sollte, wenn alles andere versagt hat, wissen die wenigsten.

Sich einen Ausgleich für den Stress zu verschaffen ist, wie die Splitter einer zerbrochenen Vase zusammenzufegen. Weit besser ist es, dafür zu sorgen, dass die Vase überhaupt nicht herunterfällt.

Stressmanagement hat daher nicht nur eines, sondern drei Instrumente:

→ Stressprophylaxe: Jeder Stress, der sich vermeiden lässt, wird vermieden.
→ Stressbewältigung: Stress, der sich nicht vermeiden ließ, wird bewältigt.
→ Stressausgleich: Stress, der nicht bewältigt werden konnte, wird ausgeglichen.

Stressprophylaxe: Der meiste Stress lässt sich vermeiden

Vielleicht haben Sie schon mal davon gelesen, dass 90 Prozent Stress hausgemacht sind. Das liegt vor allem daran, dass Menschen meist unzureichend vorbereitet in potenzielle Stresssituationen hineingehen.

Entschärfen Sie potenzielle Stresssituationen so weit wie möglich.

Wenn Sie zum Beispiel wissen, dass morgen Großkampftag ist, dann machen Sie eben eine Tagesplanung: Was habe ich alles vor? Wie lange brauche ich für jede Aktivität? Welche Summe ergibt das? Überschreitet sie die Zeit, die ich zur Verfügung habe? Was muss ich logischerweise absagen, abspecken, delegieren oder verschieben?

Stressabbau

Richtig, das setzt voraus, dass Sie Zeit planen können, dass Sie delegieren oder auch mal Nein sagen können. Diese Fähigkeiten sind Voraussetzungen für Balancing. Wenn Sie darin noch nicht so fit sind, wie Sie sein sollten, um sich von Ihrem Stress zu befreien, dann üben Sie, lesen Sie, besuchen Sie ein Seminar oder einen Coach.

> Viele Berufstätige verschieben alles Private, Soziale, den Haushalt, die Kinder, die sportliche Betätigung, die intellektuelle und spirituelle Entwicklung aufs Wochenende, weil sie unter der Woche keine Zeit haben. Das wird ein stressiges Wochenende! Das ist schlechte Vorbereitung.

Eine extrem effektive Stressprophylaxe ist die Relativierung von Erwartungen. Wenn ich morgen eine wichtige Präsentation habe und am Abend einen Kundentermin, dann erwarte ich eben nicht von mir, dass ich mich auch noch ganz toll um meine beiden Racker oder meinen Partner kümmern kann. Dann versuche ich eben nicht, den Supervater oder die Supermutter zu spielen, sondern bringe die Kleinen zu den Großeltern oder schenke ihnen reinen Wein ein (im übertragenen Sinne natürlich). Wie Sie eigene und fremde Erwartungen erfolgreich und beziehungsgerecht relativieren können, sehen Sie in den beiden Abschnitten von Kapitel 4 „Eigene Erwartungen relativieren" und „Fremde Erwartungen relativieren".

Versuchen Sie nicht, alles unter einen Hut zu bringen – wenigstens nicht perfekt. Abstriche müssen sein. Auf die Frage „Wie organisiere ich Kinder, Beziehung, Beruf und gesellschaftliche Verpflichtungen so, dass ich alles unter einen Hut bringe?" gibt es nur eine sinnvolle Antwort: mit Abstrichen! Versuchen Sie nicht, perfekt zu sein. Versuchen Sie, vernünftig und realistisch zu sein.

Stressbewältigung:
Besser mit Stress umgehen lernen

Manchmal lässt sich Stress auch durch gute Planung und Vorbereitung nicht ganz vermeiden – obwohl eine gute Vorbereitung oft bis zu 80 Prozent Stress verhindert. Manchmal weicht das Leben eben vom Plan ab, es kommt ein Unfall, eine Panne, etwas Unvorhergesehenes dazwischen. Was tut man dann? Man fühlt sich gestresst. Diese Reaktion ist so automatisch, unterbewusst, dass wir oft überhaupt nicht wissen, dass wir eine Alternative haben: uns eben nicht stressen lassen.

Wenn der Stress anrollt: Setzen Sie einen Unterbrecher

Gestresst reagieren wir normalerweise nur, wenn wir uns vom Stress mitreißen lassen. Lassen Sie das nicht zu. Unterbrechen Sie das Reaktionsmuster. Es gibt viele erprobte Unterbrecher. Einer ist, einfach bis zehn zu zählen. Ein anderer, dreimal tief durchzuatmen und dabei aktiv die Schultern nach hinten-unten zu ziehen. Mit dieser Übung entspannen Formel-1-Piloten – sie würden sonst keinen Grand Prix überstehen, sondern vor Stress an die Bande fahren. Andere Unterbrecher sind:

→ Ortswechsel: einfach kurz raus aus dem Büro
→ die berühmte Zigarettenpause (am besten ohne Zigarette)
→ der Rückzug aufs stille Örtchen
→ einen kurzen Spaziergang machen
→ bewusst eine Minute lang freundlich lächeln (falls das die Situation nicht eskaliert)

Welchen Unterbrecher benutzen Sie? Welcher wirkt bei Ihnen? Das Problem bei den Unterbrechern ist: Wir denken meist dann nicht dran, wenn wir sie benötigen. Der Stress überrascht uns, wir lassen uns stressen – und danach fällt uns dann ein, dass wir vergessen haben, zu unterbrechen.

Erinnern Sie sich an Ihren Unterbrecher

Heften Sie Gedankenstützen an den PC, lassen Sie Ihren Bildschirmschoner Sie daran erinnern (Schriftzug einblenden), hängen Sie Post-its oder andere Gedankenstützen auf – eben alles, was geeignet ist, Sie an Ihren Unterbrecher, Ihren Stressbrecher zu erinnern.

Lassen Sie nicht zu, dass der Stress Sie vergiftet. Schaffen Sie sich einen Blitzableiter für den Stress, setzen Sie die Energie frei, die der Stress aufstaut: Kneten Sie einen Knautschball oder ein anderes Handtrainingsgerät (zum Beispiel aus dem Klettersport oder der Rehabilitation). Progressive Relaxation ist ebenfalls dazu geeignet, die aufgestaute Energie loszuwerden.

Stressforscher fanden heraus, dass die Einstellung darüber entscheidet, ob uns Stress tatsächlich auch stresst. Einstellungen wie „Oje, nicht schon wieder", „Warum passiert das ausgerechnet mir?", „Wie soll ich denn das schaffen?" lösen ein sehr starkes Stressempfinden aus. Dagegen scheinen sich Menschen, die Stress als Herausforderung, als Aufgabe und sportlichen Wettkampf betrachten, sogar unter Stress wohlzufühlen.

Die richtige Einstellung ist die ideale Stressbewältigung

Einstellungswandel ist Change Management an und für sich. Manchmal wechselt man eine Einstellung in Sekundenschnelle durch bloße Einsicht, manchmal dauert es etwas länger. Dauert es Wochen, sollten Sie sich nicht unnötig quälen, sondern einen Coach hinzuziehen.

Stressausgleich: nicht zu Hause

Wenn Sie gute Stressprophylaxe und Stressbewältigung betreiben, bleibt kaum noch etwas übrig vom Stress, was Sie ausgleichen müssten. Stressresistente Menschen benötigen recht wenig Stressausgleich, manche einmal im Monat, manche noch weniger. Solange Sie noch nicht so stressresistent sind, gilt: Sie können Arbeit mit nach Hause nehmen – Stress jedoch nie!

Stressausgleich sollten Sie immer außerhalb von Familie, Beziehung und engem Freundeskreis suchen. Tragen Sie Ihren Stress nicht in Ihre emotionale Bindung hinein. Das beschädigt das emotionale Gleichgewicht. Gehen Sie erst mal eine halbe oder ganze Stunde walken, ins Studierzimmer, in den Bastelkeller oder wohin auch immer, wo Sie sich abreagieren können. Sie können darauf verzichten, wenn die emotionale Bindung selbst Ihr bester Stressausgleich ist – wenn jeder Reststress in dem Augenblick

Wie reagieren Sie sich am besten ab? Finden Sie es heraus

wie von Zauberhand verfliegt, in dem Sie Ihren Partner, Ihren besten Freund oder Ihre Kinder sehen.

Das ist Balancing. Es gibt hundert verschiedene Möglichkeiten, sich abzureagieren: Auspowern, Holzhacken, Musikhören, Meditation, Mentaltechniken, Vollbad, Garten, Putzen, Bügeln, am Motorrad herumbasteln ... Testen Sie einige und finden Sie heraus, wobei Sie am besten abschalten. Finden Sie die Option, die Sie am besten wieder in Ihr Gleichgewicht zurückführt.

Hindernisse der Stressresistenz

Beim Lesen der letzten drei Abschnitte werden Sie bemerkt haben, dass wir alle mehr oder weniger gut beim Stressausgleichen sind. Wir verschaffen uns viel Ausgleich für den stressigen Alltag. Bei der Stressprophylaxe und der Stressbewältigung jedoch herrschen noch große Mängel. Warum? Dafür gibt es unter anderem zwei Gründe: mangelnde Kontrollüberzeugung und sozialer Druck.

Unbewusst gehen viele Berufstätige davon aus, dass Stressvorbeugung und -bewältigung nicht möglich ist, dass sie also keine oder kaum Kontrolle über den Stress haben: „Was kann man schon gegen diese Hektik machen? So ist das eben in unserem Job." Das ist Fatalismus. Mit Fatalismus ernten Sie möglicherweise Mitleid und Aufmerksamkeit. Sie kommen damit aber nicht ins Gleichgewicht. Wer sein Leben ins Lot bringen möchte, erreicht das umso eher, je höher seine Kontrollüberzeugung ist. Je stärker er also daran glaubt, dass er sein eigenes Leben weitgehend selbst gestalten kann – auch und gerade in stressigen Zeiten. In unserer vorwiegend fremdbestimmten Zeit fällt das vielen Berufstätigen schwer. Sie unterschätzen ihre Spielräume.

Arbeiten Sie an Ihrer Kontrollüberzeugung. Suchen und nutzen Sie die Freiräume, die Sie haben, um Ihr Leben in Balance zu bringen.

Das andere Hindernis der Stressresistenz ist der soziale Druck: „Wenn alle bei der Arbeit stressen, wie kann ich dann ruhig bleiben?" Indem Sie sich die Frage beantworten: Was ist mir mehr wert – mein eigenes Wohlergehen oder die Meinung der anderen? Wobei es sich immer wieder herausstellt, dass Menschen, die in der Hektik kühlen Kopf bewahren, von anderen nicht missbilligt, sondern bewundert werden.
Was hindert Sie daran, stressresistent zu werden? Erkennen Sie die Hindernisse und räumen Sie sie aus.

Dauerstress abstellen

Dauerstress ist besonders schädlich fürs körperliche Gleichgewicht. Dauerstress verursacht die typischen stressbedingten Krankheiten wie Rückenbeschwerden, Magen- und Verdauungsprobleme, Kopfschmerzen, Nackenschmerzen ...

Identifizieren und beseitigen Sie Dauerstressquellen vorrangig: Was geht Ihnen ständig oder mit unschöner Regelmäßigkeit oder schon viel zu lange auf die Nerven?
Machen Sie eine Liste. Wenn Sie diese Stressquellen schriftlich festhalten, haben Sie eine viel bessere Chance, sie zu versiegeln (das nennt man die normative Kraft des geschriebenen Wortes). Ordnen Sie diese Quellen nach Lästigkeit. Welches sind Ihre Top 5?

Benutzen Sie eine Doppelstrategie gegen Dauerstressquellen: Change it oder leave it! Ändern oder aufgeben!

Wenn Ihnen zum Beispiel ständig ein Kollege auf die Nerven geht, dann sprechen Sie mit ihm. Man kann über alles vernünftig reden, wenn man es beziehungsneutral, vorwurfsfrei (mit Ich- statt mit Du-Botschaften) und konstruktiv (mit konkreten Vorschlägen) tut. Als Orientierung können Sie den Gesprächsleitfaden im Abschnitt „Wie rede ich offen und ehrlich mit anderen?" aus Kapitel 4 verwenden. Führt das Gespräch zu keinem befriedigenden Ergebnis, gehen Sie zur zweiten Strategie über: Leave it! Meiden Sie den Kollegen so gut wie möglich. Gehen Sie ihm aus dem Weg. Reden Sie nur das Nötigste mit ihm. Oder wechseln Sie auf lange Frist die Abteilung. Wägen Sie ab: Was ist mir mehr wert – dem Stress zu entgehen oder die Vorteile des Verweilens in der stressigen Situation zu genießen?

Viele Berufstätige neigen beim Balancing zu stark der zweiten Strategie zu: Leave it! Sie lassen sich zum Beispiel scheiden oder beenden die Beziehung oder flüchten aus der Familie ins Büro, weil sie den Stress nicht mehr ertragen. Daher der Hinweis: Ändern verhält sich zu Aufgeben ungefähr 80:20.

Versuchen Sie alles, um eine Dauerstressquelle zu beseitigen, bevor Sie sie meiden

Das heißt: Sie können acht von zehn Dauerstressquellen so verändern, dass sie nicht mehr oder kaum noch stressen. Nur in wenigen Fällen müssen Sie das Stressumfeld tatsächlich meiden. Natürlich ist es einfacher, eine stressige Beziehung einfach zu beenden. Leider hat die Flucht aus einer Stresssituation viele oft unterschätzte negative Folgen: Beim nächsten Mann wird, bildlich gesprochen, eben doch nicht alles anders. Im Gegenteil. Wer seinen Stress nicht bewältigen kann, ist dazu verdammt, ihn zu wiederholen. Irgendwie geraten wir dann eben immer an die falschen Partner, Kollegen, Chefs, Kunden, Kinder...

Sorgen, Ärger, Ängste

Unsicherheit als Superstressfaktor

Alles ist unsicher geworden

Zu den größten Dauerstressfaktoren unserer unruhigen Zeit zählen Sorgen, Nöte, Ängste, Zweifel und Ärger. Noch vor nicht allzu langer Zeit machte man eine Lehre in einem Unternehmen und blieb dann bis zur Pensionierung bei „meiner Firma". Heute wechselt man während eines Beschäftigungslebens zwei- bis dreimal den Arbeitgeber, manche Menschen wechseln bedeutend öfter. Alles ist unsicher geworden. Die Arbeitsplätze, die Renten, die Krankenversorgung, das sauer Ersparte, die ganze Zukunft ...

Wie reagieren die meisten Menschen darauf? Mit Zweifel, Sorgen und Existenzängsten. Wie kann man ein ausgeglichenes Leben führen und seinen inneren Glückspunkt finden, wenn man sich ständig Sorgen machen muss um den Arbeitsplatz, die Zukunft der Kinder, die eigene Gesundheit ...? Indem man das Reptilienhirn ab- und den gesunden Menschenverstand einschaltet.

Das Reptilienhirn abschalten

Auf eine Bedrohung unserer Wünsche und Träume, unseres Wohles, Besitzstandes und unserer Sicherheit reagieren wir mit Ärger oder Ängsten. Eine natürliche Reaktion? Eher eine automatische, unbewusste Reaktion. Die Geschäftsleitung spricht von Entlassungen? Ich mache mir Sorgen um meinen Arbeitsplatz! Bedrohung erzeugt Angst – das ist eine unbewusste Reaktion unseres Reptiliengehirns, die die Kampf-Flucht-Reaktion auslöst. Gäbe es sie nicht, hätten uns die Säbelzahntiger gefressen. Heute gibt es keine Säbelzahntiger mehr. Die Reaktion gibt es trotzdem noch, eben weil sie unterbewusst programmiert ist. Also brauchen wir nichts weiter zu tun, als uns in Stresssituationen auf unser Großhirn zu besinnen und drei Schritte zu tun:

Es gibt keine Säbelzahntiger mehr!

➔ Ärger und Ängste bewusst machen
➔ den Grübelkreis durchbrechen
➔ eine konstruktive Einstellung finden

Bewusst machen – Abstand gewinnen

Warum tragen wir bestimmte Sorgen und Ängste ständig mit uns herum? Weil wie sie uns nicht bewusst machen. Wir haben Sorgen, deshalb haben die Sorgen uns. Wir sitzen zu dicht auf unseren Emotionen. Wir sind assoziiert, sagt der Psychologe, tief in unseren Sorgen drin. Machen Sie sich diese unbewusste Falle bewusst, dann kann sie Sie unbewusst nicht mehr quälen.

Gewinnen Sie Abstand von quälenden Emotionen, indem Sie sie benennen

Sagen Sie nicht: „Ich bin wütend.", „Ich mache mir Sorgen." Denn diese Formulierung bedeutet Identifikation mit belastenden Emotionen. Sie sind jedoch nicht Ihre Gefühle, Sie haben sie lediglich. Sie möchten nicht von diesen Gefühlen belastet sein, Sie möchten Abstand gewinnen. Also sagen Sie: „Aha, das ist wohl Wut.", „Das sind Sorgen." Sie können förmlich spüren, wie diese distanzierte Formulierung Abstand schafft und emotional entlastet.

Hören Sie auf, sich im Kreis zu drehen

Durchbrechen Sie den Kreislauf!

Das Dumme an Sorgen und Ärger ist, dass sie uns nicht mehr aus dem Kopf gehen, weil wir uns ständig um sie drehen. Durchbrechen Sie diesen kläglichen Kreislauf, indem Sie das, was Sie quält, aus dem Kopf herausbringen. Indem Sie zum Beispiel mit jemandem darüber reden, es ins Tagebuch schreiben oder einfach auf einen Zettel. Sie können es sich auch selbst erzählen. Durch diese Artikulierung von bislang Unartikuliertem schaltet sich unser gesunder Menschenverstand wieder ein. Wir beginnen, konstruktiv nachzudenken, während wir bislang uns lediglich Sorgen machten und im Kreis drehten.

Sie drehen sich auch dann noch im Kreis, wenn Sie Sorgen und Ängste aufschreiben oder laut aussprechen? Das ist nicht schlimm. Dann setzen Sie eben einen noch stärkeren Unterbrecher, indem Sie physisch auf Abstand gehen: Machen Sie eine Pause von dem, was Sie gerade tun, verlassen Sie den Raum, machen Sie einen Mini-Spaziergang oder eine Besorgung…

Finden Sie eine konstruktive Einstellung

Eigentlich gibt es Sorgen, Ärger und Ängste überhaupt nicht. Wenn ein Unternehmen Entlassungen ankündigt und die einen mit „Oje!" reagieren und andere mit „Ich wollte sowieso mal was anderes machen", dann kann die Ursache für Sorgen und Ärger nicht die drohende Entlassung sein. Die Ursache von negativen Gefühlen ist vielmehr stets die innere Einstellung. Welche Einstellung haben Sie gegenüber den Dingen, die Sie beunruhigen? Ersetzen Sie diese durch eine konstruktive Einstellung.

> Also zum Beispiel: „Warum passiert ausgerechnet mir das?" ersetzen durch: „Das kann wirklich jedem passieren. Ich bin nicht der Einzige, dem das passiert." „Wie soll ich das jemals hinkriegen?" ersetzen durch: „Es gibt immer eine Lösung. Wenn ich sie suche, finde ich auch eine." „Das macht er nur, um mich zu ärgern!" – „Das bringt weder mir noch ihm jetzt etwas, wenn ich mich darüber aufrege. Ich beruhige mich erst mal, dann kläre ich die Sache mit ihm ab."

Worin besteht Ihre hinderliche Einstellung? Welches wäre eine alternative konstruktive Einstellung? Probieren Sie einige durch, bevor Sie sich für eine Einstellung entscheiden, die Ihnen entspricht. Stress ist vor allem Einstellungssache. Ihre Einstellungen können Sie frei wählen. Sie sind nicht der Sklave Ihrer Gedanken. Wer lenkt wen? Ihre Gedanken Sie oder Sie Ihre Gedanken?
Balancing bedeutet nicht nur die Befreiung von äußeren Störfaktoren, sondern auch von inneren Störfaktoren. Wir können der schlimmste Feind unseres inneren Gleichgewichts sein, wir können aber auch unser bester Freund sein, wenn es darum geht, die innere Balance zu finden.
Zugegeben, für die meisten Menschen ist es zunächst einmal völlig ungewohnt, sich mit der eigenen Einstellung auseinander zu setzen. Vor allem weil sie genügend andere Dinge zu tun haben.

Das ist okay. Zwingen Sie sich nicht dazu. Bleiben Sie einfach dran. Es ist wie Kuchenbacken: Ein neues Rezept gelingt selten beim ersten Anlauf richtig gut. Dann warten Sie eben eine Woche und backen Sie noch einen.

Auf einen Blick: Bleiben Sie gesund, werden Sie fit

- ❑ Was genau an Ihrer Gesundheit oder Fitness möchten Sie verbessern? Machen Sie eine Liste.

- ❑ Formulieren Sie die wichtigsten beiden Punkte der Liste nach der Wünsche-werden-wahr-Methode (s. Kapitel 2, Abschnitt „Erarbeiten Sie sich Freiräume"). Setzen Sie bei der Realisierung Ihrer Wünsche die Anregungen zu Ernährung, Bewegung und Stressabbau ein.

- ❑ Arbeiten Sie sich Punkt für Punkt durch die Liste. Seien Sie nicht enttäuscht, wenn Sie nie damit fertig werden. Manche Menschen finden immer etwas an Gesundheit und Fitness zu verbessern, auch wenn es ihnen objektiv noch so gut geht.

- ❑ Essen Sie nicht einseitig, sondern vielseitig: so viel Abwechslung wie möglich.

- ❑ Essen Sie ausgewogen: ein bisschen Fett, mehr Eiweiß, noch mehr Ballaststoffe und Kohlehydrate, viel Vitamine und Mineralstoffe.

- ❑ Essen Sie alles in Maßen, schlagen Sie nur ausnahmsweise über die Stränge.

- ❑ Trinken Sie zwei Liter am Tag, wenn Sie Sport treiben, noch mehr.

- ❑ Pflegen Sie schlechte Genuss- und Ernährungsgewohnheiten in Maßen.

- ❑ Essen Sie immer in Ruhe. Lieber kürzer ungestört als länger gestresst.
- ❑ Wenn Sie essen, essen Sie. Neben dem Essen ist Lesen, Arbeiten ... tabu.
- ❑ Essen Sie täglich so viel Obst, Salat und Gemüse, wie Ihnen schmeckt und gut tut.
- ❑ Bewegen Sie sich so viel wie möglich. Bewegen, nicht belasten!
- ❑ Vermeiden Sie alle einseitigen Belastungen so weit wie möglich.
- ❑ Was sich nicht vermeiden lässt, gleichen Sie spontan aus – also sofort.
- ❑ Wenn Sie schon Ausgleichssport betreiben, dann auch einen, der das ausgleicht, woran es Ihnen mangelt. Tut Ihnen der Rücken weh, dann gleichen Sie eben das gezielt aus.
- ❑ Wählen Sie eine Ausdauersportart, die Ihnen entspricht und so viel Spaß macht, dass Sie sich nicht dazu überwinden müssen.
- ❑ Vermeiden Sie so viel wie möglich Stress durch eine gute Vorbereitung auf Stresssituationen.
- ❑ Lernen Sie, besser mit überraschend auftretendem Stress umzugehen, indem Sie Unterbrecher setzen und Ihre Einstellung von pessimistisch auf konstruktiv umstellen.
- ❑ Finden Sie heraus, womit Sie übrig gebliebenen Stress nach Feierabend am besten und schnellsten ausgleichen können.

- ❏ Finden Sie heraus, was Sie daran hindert, stressresistent zu werden, und beseitigen Sie diese Hindernisse.

- ❏ Identifizieren Sie Dauerstressquellen und bringen Sie sie zum Versiegen oder halten Sie sich von ihnen fern.

- ❏ Gewöhnen Sie sich Sorgen, Ärger, Ängste ab, indem Sie sich erstens bewusst machen, dass Sie sich ärgern oder sorgen und dadurch Abstand gewinnen, indem Sie zweitens darüber reden oder schreiben, um den Verstand wieder einzuschalten, und indem Sie drittens Ihre Einstellung in eine konstruktive verwandeln.

7 Die innere Ordnung: Werte und Spiritualität

Die innere Leere

Viele Menschen verspüren eine gewisse Leere. Zwar ist ihr Leben angefüllt mit Annehmlichkeiten wie Autos, Reisen, Familie, einer guten Beziehung und vielen anderen schönen Dingen, doch so recht zufrieden und glücklich sind sie damit nicht – wenigstens nicht, wenn sie länger als zehn Jahre im Beruf sind. Denn ungefähr nach dieser Zeit beginnen sich die meisten zu fragen: War's das? Ist das alles? Wofür arbeite ich eigentlich so hart?

Eine latente Unzufriedenheit drängt sich immer weiter ins Bewusstsein: Ich habe doch eigentlich alles, was ich zum Leben brauche – warum bin ich dann nicht so richtig zufrieden? Weil der größere Sinn fehlt, weil diese Sehnsucht nach etwas, das man nicht greifen und nicht kaufen kann, nicht erfüllt ist. Dagegen ist man viel eher erfüllt von einer Ruhelosigkeit, einer inneren Gespanntheit, flüchtet sich womöglich in allerlei Aktivitäten, um die innere Leere zu füllen: noch mehr Konsum, noch mehr Genuss, einen noch größeren Kick – leider erfolglos. Solche Äußerlichkeiten können die innere Leere nicht füllen. Sie übertönen sie nur, und das auch nur kurzfristig.

Offensichtlich besteht eine Disbalance: Was wir uns im tiefsten Inneren wünschen, bekommen wir nicht.

Der Sinn des Lebens ...

Werte und Disbalance

Woher kommt diese Disbalance? Aus dem Dilemma, dass wir arbeiten und leben, ohne so recht zu wissen, wofür wir das eigentlich tun. Dieses Wofür nennt man auch Werte. Wenn Sie sich Fragen nach dem Sinn des Lebens, nach dem „Wofür das alles?" stellen, spricht einiges dafür, dass die innere Disbalance daher rührt, dass Sie Ihre eigenen Werte nicht kennen. Möglicherweise besteht sogar ein latenter Wertekonflikt: Im Grunde sind Sie stark am Wert X (Kreativität, Offenheit, Innovation ...) orientiert, bekommen aber weder im Beruf noch in der Familie oder Beziehung diesen Wert in ausreichendem Maße angeboten oder können ihn dort ausleben.

Solange Sie Ihre Werte nicht kennen, ist Ihr Leben tendenziell in Disbalance

Unkenntnis über Werte wirft unser Leben immer wieder aus der Balance. Zum Beispiel im Sektor soziale Kontakte: Plötzlich kommen Sie mit einem guten alten Freund nicht mehr zurecht. In letzter Zeit bricht er ständig diese Grundsatzdiskussionen vom Zaun. Sie können einfach nicht mehr so gut mit ihm wie früher. Was ist passiert? Wahrscheinlich haben sich Ihre grundlegenden Werte auseinander entwickelt. Er hat sich zum Beispiel zum überzeugten Umweltschützer entwickelt, während für Sie der Wert der freien Marktwirtschaft immer noch Vorrang hat.

Wertekonflikt

Beispiel Beziehung: Nach einigen Jahren merkt man, dass man eben doch nicht zueinander passt. Dass dies oft um das verflixte siebte Jahr herum passiert, hat nichts mit Magie zu tun. So lange brauchen manche lediglich, bis sie die tiefer liegenden Werte des Partners erkennen, weil diese erst nach der Zeit der anfänglichen Verliebtheit hervortreten. Er zum Beispiel stellt fest, dass die Familie für ihn ein zentraler Wert ist, während sie stärker ihre Eigenständigkeit schätzt. Dann wirft der Wertekonflikt die Beziehung aus der Balance.

Beispiel intellektuelle Entwicklung: Wenn Sie bei Ihrer intellektuellen Entwicklung stark den Wert Autonomie verfolgen, also Wert auf Ihre eigene Meinung und Ihren eigenen Standpunkt legen, werden Sie früher oder später in Konflikt mit der Gesellschaft geraten, die eher Werte wie Konformismus, Anpassung und Gleichheit favorisiert.

Ein typisches Ungleichgewicht im Sektor körperliche Gesundheit entsteht um die Lebensmitte, wenn wir feststellen, dass unsere bislang hoch gehaltenen Werte wie Leistung und Erfolg uns gesundheitlich ruinieren und nun plötzlich Gesundheit als Wert stärker an Gewicht gewinnt.

Diese ganze im wahrsten Sinne des Wortes umwälzende Wirkung von Werten zeigt uns, dass Werte unser Leben verändern können und das auch ständig tun – oft ohne dass wir es so recht registrieren. Möglicherweise meinte dies das Orakel von Delphi, als es sagte: Nosce te ipsum – erkenne dich selbst. Erkennen Sie Ihre Werte.

Verschiebung der Werte

Lernen Sie Ihre Werte kennen

Was Werte sind und bewirken

Wer seine Werte nicht kennt, weiß nicht, was ihn glücklich und zufrieden macht, ihn ins oder aus dem Gleichgewicht bringt. Wer seine Werte kennt, weiß, was er tun wird, wohin er gehen wird, welche Ziele er wählen wird, damit sein Leben einen Sinn hat, ausgefüllt ist, im inneren Gleichgewicht ist.

Kennen Sie Ihre Werte? Werte sind das, was am wichtigsten für Sie persönlich ist. Das, worauf Sie auf keinen Fall verzichten möchten, Ihre Prinzipien, das, was Ihnen am meisten bringt im Beruf, in der Familie und Beziehung, in der Freundschaft, im Leben allgemein.

Wie finden Sie Ihre Werte heraus? Zum Beispiel mit dem CIA.

Die CIA-Methode

Das, was uns besonders wichtig ist, bemerken wir typischerweise bei herausragenden Ereignissen. Das sind Ereignisse, die besonders positiv, erfreulich, lohnend, bestätigend, befriedigend, zufrieden stellend, beglückend auf uns wirken. Das sind für die Entdeckung unserer Werte kritische Momente, weshalb man diese Methode der Werteerforschung auch CIA – Critical Incident Approach – nennt.

Da Ihre Werte in jedem der sechs Sektoren des WLB-Rades unterschiedlich sein können, können Sie die Schritte der CIA-Methode für jeden der sechs Bereiche separat durchführen, um die Werte für jeden Bereich gesondert zu ermitteln. Sie machen also für sechs Bereiche sechs Durchgänge.

Erster Schritt: Erinnern Sie sich an drei herausragende Ereignisse bei ... (im ersten Durchgang: bei der Arbeit; bei den folgenden Durchgängen: bei sozialen Kontakten, in Familie oder Beziehung, bei der intellektuellen Entwicklung...). Notieren Sie die Ereignisse kurz auf einem Blatt, wobei Sie jedem Ereignis eine eigene Spalte geben.

Zweiter Schritt: Notieren Sie spaltenweise, was bei jeder dieser Erfahrungen für Sie aus heutiger Sicht am wichtigsten ist. Für ein besonders positives Ereignis bei der Arbeit können Sie zum Beispiel notieren: „meine erste Prämie, Anerkennung vom Chef, ein hoch zufriedener Kunde, die Umsatzziele erreicht..."

Dritter Schritt: Fassen Sie das, was Sie eben im zweiten Schritt notiert haben, in ein, zwei Worten zusammen. Mit diesen wenigen Worten bringen Sie auf den Punkt, was an der positiven Erfahrung für Sie besonders wichtig ist. Das kann zum Beispiel sein: „Anerkennung, Geld, Sicherheit, saubere Arbeit, kreative Lösung..."

Vierter Schritt: Von diesen zuletzt notierten Worten schreiben Sie nun die sechs wichtigsten Worte aller drei Ereignisse auf ein neues Blatt Papier: Das sind Ihre sechs wichtigsten Werte in diesem Bereich des WLB-Rades – für heute; selbstverständlich

Lernen Sie Ihre Werte kennen

ändern sich diese Werte über die Zeit. Wenn Sie möchten, können Sie diese Werte auch nach ihrer Wichtigkeit in eine Reihenfolge bringen.
Diese Übung können Sie mit der obigen Anleitung gut allein machen. Sie fällt erfahrungsgemäß leichter, wenn Sie sie auf einem speziellen Seminar mit anderen zusammen und unter kundiger Anleitung machen.

Werte zeigen den Weg zum Gleichgewicht

Betrachten Sie die sechs Werte auf Ihrem zweiten Blatt: Werden diese Werte an Ihrem jetzigen Arbeitsplatz (in Ihrem Freundeskreis, in der emotionalen Beziehung…) befriedigt? Wie stark? Ist das ausreichend oder nicht? Wenn es nicht ausreichend ist: Wie können Sie das ändern? Wie können Sie Ihre Werte stärker in diesen Bereich hineinbringen?

Sie spüren: Wenn Sie Ihre Werte kennen, wissen Sie automatisch, was Sie an Ihrem Leben ändern müssen, damit es wieder ins Gleichgewicht kommt. Werte geben Orientierung. Wer seine Werte kennt, weiß, wohin es geht. Wer seine Werte kennt, lebt nach eigenen Regeln.

Bernd zum Beispiel hat mit der CIA-Methode herausgefunden, dass die glücklichsten Momente im Beruf immer dann waren, wenn er eigenständig arbeiten konnte, ihm niemand reinredete. Von allen Werten im Sektor Arbeit ist ihm dieser der wichtigste. Deshalb lauten seine wertorientierten Regeln am Arbeitsplatz:

➔ Jede Aufgabe, bei der ich eigenständig arbeiten kann, ist eine gute Aufgabe, weil sie mir gut tut und mein Arbeitsleben im Gleichgewicht hält.

> ➔ Also suche ich verstärkt nach solchen Aufgaben.
> ➔ Aufgaben, bei denen ich nicht das tun kann, was ich für richtig halte, lehne ich ab oder delegiere sie.
> ➔ Wenn das nicht möglich ist, versuche ich zumindest, jeden sich mir bietenden Freiraum der Aufgabe zu nutzen und darüber hinaus selbst Freiräume zu schaffen und zu verteidigen.
>
> Es ist nachvollziehbar, dass Bernd mit diesen Regeln ein sehr glückliches, ausgeglichenes Berufsleben führt. Er weiß genau, was ihm gut tut, und kann sich selbst auch damit versorgen – soweit es die Umstände zulassen. Doch die Umstände sind bezeichnenderweise meist jenen hold, die wissen, was sie wollen.

Aus jedem Wert ergeben sich Spielregeln, mit denen das Spiel des Lebens plötzlich Sinn macht. Diese Spielregeln bringen Ihr Leben ins Lot, geben Orientierung in unsicheren Zeiten. Wir können uns alle einen Menschen vorstellen, der nach eigenen Regeln lebt: selbstsicher, überzeugt, souverän, konsequent, mit sich und der Welt zufrieden.

Die große Revision

> Sie haben eben Ihre Werte entdeckt. Frage: Können Sie mit den Aktivitäten, die Sie in den Kapiteln 2 bis 6 geplant haben, diese eben entdeckten Werte befriedigen und nach den Spielregeln leben, die sich aus diesen Werten ergeben? Mit einigen können Sie das uneingeschränkt, mit anderen überhaupt nicht, mit wiederum anderen nur nach Modifikation der Aktivitäten. Nehmen Sie diese Modifikationen vor und suchen Sie für die ungeeignet gewordenen Aktivitäten neue, die sich mit Ihren Werten und persönlichen Spielregeln vertragen.

Mit dieser simplen Übung bringen Sie Ihr Leben wieder in Ordnung. Wenn wir diese Übung in einem Seminar machen, berichten Teilnehmer:

→ „Seit ich diese Übung gemacht habe, macht mir die Arbeit wieder Spaß, weil ich endlich wiederentdeckt habe, was ich eigentlich in der Arbeit suche."
→ „Ich weiß jetzt, warum mir meine Beziehung in den letzten Wochen so auf die Nerven geht: Sie befriedigt meine wichtigsten Werte nicht."
→ „Ich habe mir meine sozialen Kontakte vorgenommen und mich gefragt: Was muss ich an oder in meinem Freundeskreis ändern, damit ich meine Werte darin wiederfinde?"
→ „Jetzt weiß ich endlich, warum Joggen mir keinen Spaß macht. Ich dachte immer, ich müsste das tun, wegen der Gesundheit und so. Doch gerade beim Sport ist einer meiner wichtigsten Werte die Abwechslung. Und stundenlang geradeaus zu laufen ist nicht besonders abwechselnd. Also mache ich jetzt Zirkeltraining. Das entspricht viel eher meinen Werten."

Wenn Sie die Personen und Aktivitäten in den sechs Feldern Ihres WLB-Rades darauf geprüft haben, ob sie mit Ihren Werten übereinstimmen, und wenn Sie daraufhin die Aktivitäten und Personen in diesen Feldern gewechselt, getauscht oder verändert haben, ist Ihr Leben wieder im Gleichgewicht. So sollte es auch bleiben. Pflegen Sie daher dieses Gleichgewicht, indem Sie bei allen Entwicklungen in jedem der sechs WLB-Sektoren die Wertfrage stellen: Entspricht dies meinen Werten? Stellen Sie diese Frage bei jeder neuen Aufgabe im Beruf, bei jeder neuen beruflichen Entwicklung, bei neuen sozialen Kontakten oder einer Veränderung der alten, bei neuen Entwicklungen innerhalb der emotionalen Bindung, bei neuen intellektuellen Aktivitäten. Diese simple Frage schützt Sie davor, etwas zu tun oder zu erleben, was Sie nicht weiterbringt, weil es nicht Ihren Werten entspricht. Mit der Zeit werden Sie sich diese Frage nicht mehr bewusst stellen

Wer weiß, was ihm wichtig ist, hat sein Leben im Griff, kann sein Leben im Gleichgewicht halten

müssen. Sie werden sie sich automatisch stellen. Sie ist Ihnen zur zweiten Natur geworden. Sie ist quasi eine automatische Balancesicherung.

Wertekonflikte lösen

Zwei Seelen wohnen, ach, in meiner Brust

Bei der CIA-Übung werden Sie nicht nur Werte in sich entdeckt haben, die in dieselbe Richtung zielen. Meist sind darunter auch widerstreitende Werte.

Für Bernd zum Beispiel ist selbstständiges Arbeiten sehr wichtig, gleichzeitig ist ihm aber auch die Jobsicherheit wichtig. Zwischen beiden Werten gibt es einen Konflikt: Am selbstständigsten könnte er, das liegt auf der Hand, als Selbstständiger arbeiten – doch die selbstständige Beschäftigung ist fast ohne jede Jobsicherheit. Ein Selbstständiger kann sich noch nicht einmal auf die letzte Sicherheit der Arbeitslosenversicherung verlassen! Bernd weiß das. Deshalb ist er seit Jahren hin- und hergerissen: Soll er sich selbstständig machen oder lieber nicht? Dieser Konflikt destabilisiert seit Jahren sein Leben. Er konnte diesen Wertekonflikt bislang nicht unter Kontrolle und sein Leben nicht wieder ins Gleichgewicht bringen. Wie schon Goethe im Faust sagt: „Zwei Seelen wohnen, ach, in meiner Brust!"

So nicht

Wie gehen Menschen mit Wertekonflikten um? Sie halten sie aus. Das ist nicht zu empfehlen, weil man einen Wertekonflikt eben auf Dauer nur unter schweren Disbalancen aushalten kann.

Wertekonflikte lösen

Wer versucht, einen inneren Konflikt zu ertragen, wird dabei innerlich zerrissen. Der Konflikt wird zum Zustand. Auf diese Weise bekommt keiner sein Leben ins Gleichgewicht.

Jedes Mal, wenn sein Chef Bernd auf die Nerven geht, denkt er: „Wenn ich selbstständig wäre, könnte ich mir das alles sparen!" Doch dann muss er sofort daran denken, wie unsicher die selbstständige Existenz ist – der Konflikt reißt wieder auf! Da Bernds Chef ihm mindestens einmal am Tag auf die Nerven geht, lebt Bernd seit fünf Jahren praktisch in einem ständigen inneren Konflikt.

Wie viele Menschen übrigens. Die Idee, den Konflikt einfach auszuhalten, ist keine gute Idee, weil dabei nur ein Wert befriedigt wird – ein anderer ist ständig unbefriedigt!

Für einen Wertekonflikt gibt es nur eine Lösung, wenn alle beteiligten Werte ausreichend berücksichtigt werden.

Vielleicht kennen Sie diesen Grundsatz aus der Systemik: Nur integrative Lösungen sind stabile Lösungen. Dieses Prinzip steht auch hinter der Work-Life-Balance: Jeder einzelne Bereich des WLB-Rades ist zwar für sich genommen wichtig, doch nur alle Bereiche zusammengenommen ergeben ein Leben im Gleichgewicht. Die große Frage ist: Wie kann man Wertekonflikte so lösen, dass alle Werte berücksichtigt sind?

Verhelfen Sie jedem Wert zu seinem Recht

So unvereinbar manche Werte auf den ersten Blick auch erscheinen mögen, Sie können sie immer miteinander vereinbaren.

Bernd entschließt sich endlich, seinem Wert nach Selbstständigkeit zu seinem Recht zu verhelfen, und macht sich selbstständig. Gleichzeitig berücksichtigt er seinen Wert „Sicherheit", indem er
➔ sich erst dann selbstständig macht, nachdem er neben seinem alten Job genügend Kunden gesammelt hat, um 50 Prozent seines Wunschumsatzes zu erreichen;
➔ für die erste Zeit einen Teilzeitjob als finanzielle Absicherung annimmt.

Mit ein wenig Kreativität lassen sich immer alle Werte berücksichtigen. Sie kommen leichter auf eine kreative Lösung, wenn Sie die betreffenden Werte direkt ansprechen.

Bernd zum Beispiel fragt sich: Wenn Sicherheit ein so wichtiger Wert für mich ist – wann würde ich mich denn sicher fühlen? Was müsste dafür gegeben sein? Fühle ich mich sicher, wenn ich in meinem alten Job bereits Kunden für 30 Prozent meines Wunschumsatzes sammle? Oder fühle ich mich erst bei 50 Prozent sicher? Bei 70 Prozent?

Ergründen Sie Ihre Werte. Fragen Sie sich selbst, was Sie tun können, damit alle Werte befriedigt sind. Sie bekommen immer die richtige Antwort. Wir wissen intuitiv, wann unsere Werte befriedigt sind. Denn Werte wirken so stark in uns, dass diese Antwort immer eindeutig ausfällt, wenn wir nur die Frage stellen.

Innere Klarheit

Allen Werten zu ihrem Recht zu verhelfen – das bedeutet es, wenn wir davon sprechen, dass jemand innere Klarheit gewinnt. Diese innere Klarheit fühlt sich gut an. Sie gibt Gelassenheit und Orientierung in einer hektischen, ziellosen Zeit. Gleichzeitig bedeutet es auch Arbeit, diese innere Klarheit zu gewinnen, und eine ungewohnte Arbeit obendrein. Wir sind es so gewöhnt, fremdbestimmt und auf Äußerlichkeiten fixiert zu sein, dass wir uns die Arbeit an der inneren Klarheit erst langsam wieder angewöhnen müssen. Das ist ein langsamer, aber lohnender Lernprozess.

Mit der Zeit macht es sogar Spaß. Selbst wenn es diesen nicht machen würde: Es ist immer noch der einzige Weg, sein Leben ins Gleichgewicht zu bringen.

Konsum, Besitz, Erfolge führen für sich genommen nicht zur Balance. Solche Äußerlichkeiten sind wenig hilfreich und oft hinderlich. Das Gleichgewicht findet man immer nur innen. Sie können nicht auf Dauer gegen innere Werte leben und ein Gleichgewicht erwarten. Im Lot ist Ihr Leben erst dann, wenn Sie Ihren eigenen Werten gerecht werden. Machen Sie sich auf den Weg.

Der innere Weg führt zum Gleichgewicht, nicht der äußere

Spiritualität

Ein Leben ohne ist nicht denkbar

Wer nach der inneren Orientierung sucht, findet dabei seine Werte. Und nicht nur das. Bei der Suche nach innerer Orientierung finden viele Menschen auch Fragen wie: Welchen Sinn macht das alles? Gibt es außer Arbeit und Familie oder Beziehung etwas Höheres, Größeres? Warum bin ich überhaupt auf der Welt? Was kommt nach dem Leben? Gibt es eine höhere Macht?

Das sind tief schürfende Fragen. Kann man sie nicht einfach weglassen und sein Leben in Balance bringen, auch ohne sie zu beantworten? Viele Menschen tun das. Das Problem dabei: Das funktioniert leider nur bis zum kritischen Alter zwischen 30 und 40 Jahren. Oder bis man erreicht, was man sich vom Leben erwartet hatte: beruflichen Erfolg, Haus, Autos, Familie, Kinder… Danach verlieren diese äußeren Attribute dramatisch an Wert und es tauchen Fragen auf, die man einfach nicht beantworten kann.

> Je weniger die äußeren Dinge des Lebens Sicherheit und Erfüllung bieten, desto stärker wendet man sich nach innen – auf der Suche nach innerer Sicherheit und Erfüllung.

Es gibt kein Gleichgewicht ohne höheren Sinn, ohne Spiritualität

Das nennt man Spiritualität. Das hat zunächst einmal nichts mit Religion zu tun, viel eher mit einem zufriedenen Leben. Menschen, die am Ende ihres Lebens diese innere Sicherheit nicht gefunden und sich nur um Beruf, Familie, Vermögen und die anderen WLB-Bereiche gekümmert haben, gehen sehr frustriert und unzufrieden ihrem Ende entgegen. Sie haben eine wesentliche Frage ihres Lebens nicht beantwortet: Gibt es etwas Größeres als das, womit ich mich tagtäglich beschäftige? Wir würden gern auf die Beantwortung dieser Frage verzichten – doch leider ist der Mensch nicht so konstruiert. Bleibt diese Frage unbeantwortet, „funktioniert" das innere Gleichgewicht einfach nicht.

Natürlich ist dieses Thema vielen Menschen etwas unangenehm. Das ist ein Hinweis: Wenn etwas unangenehm ist, steckt etwas dahinter. Sie können sich ein Leben lang davor verstecken; Sie können es aber auch jetzt und hier anpacken, wo nichts passieren kann. Wir begleiten Sie dabei.

Menschen, die eine Antwort gefunden haben

Wie wichtig es ist, Antwort auf die letzten Fragen des Lebens zu bekommen, sehen wir an Menschen, die diese Antwort offensichtlich gefunden haben:

→ Sie strahlen eine unerschütterliche Selbstsicherheit, eine tiefe innere Gewissheit aus.
→ Sie leben emotional weitgehend unabhängig von materiellen Dingen, das ist eine große innere Freiheit.
→ Sie spüren eine tiefe Verbundenheit mit etwas, das über sie hinausgeht, einer universellen Ganzheit und Gesamtheit.

Spiritualität

→ Sie leiden deshalb weniger an Einsamkeit, da sie zwar manchmal allein, aber niemals wirklich einsam sind.
→ Sie haben Frieden mit sich und der Welt geschlossen.
→ Sie haben ein großes, unerschütterliches Grundvertrauen, weil sie tief innen wissen, dass die Dinge sich immer irgendwie regeln, dass sie alles überleben werden, mit allem fertig werden können, egal wie dick es kommt.
→ Sie sehen die Dinge sehr viel weniger verbiestert als ihre Zeitgenossen, erleben deshalb weniger Stress.
→ Sie strahlen innere Ruhe und Gelassenheit aus.
→ Sie verspüren einen Sinn in ihrem Leben.
→ Sie haben mehr Verständnis für andere.
→ Sie können sich selbst besser akzeptieren.
→ Sie haben weniger bis keine Angst vor dem Tod.
→ Sie sind nicht ständig auf der Suche nach einem Guru, weil sie bereits gefunden haben, was sie suchen.

Das hört sich alles sehr erstrebenswert und lohnend an. Wie finden Sie den Sinn des Lebens, die Zugehörigkeit zu einem großen Ganzen?

Der Sinn des Lebens in vier Schritten

Wie alle wahrhaft großen Dinge ist auch Spiritualität im Grunde genommen ganz einfach. Man kann es sich natürlich auch schwer und die ganze Sache sehr kompliziert machen. Damit kann man als Guru eine Menge Geld verdienen und es seinen Schülern unnötig schwer machen. Das wollen wir nicht. Deshalb nehmen wir die Sache so leicht und einfach, wie sie ist, und machen lediglich vier Schritte:

1. Nehmen Sie sich Zeit für sich. Am besten sind zehn Minuten morgens oder abends nach oder vor dem Schlaf. Mehr Zeit brauchen Sie wirklich nicht, um den Sinn des Lebens zu finden – wobei Sie sich natürlich auch gern mehr Zeit nehmen

können, wenn Sie möchten. Die zweite Möglichkeit: Nehmen Sie sich immer dann Zeit, wenn diese großen Fragen des Lebens auftauchen. Wischen Sie sie nicht wie sonst beiseite, sondern investieren Sie diese zehn Minuten – oder verschieben Sie das Ganze auf die zehn Minuten vor dem Einschlafen. Wen der Sinn des Lebens wirklich interessiert, der kann auch in der größten Hektik zehn Minuten dafür freihalten.
2. Suchen Sie einen ruhigen, ungestörten Ort auf. Die Natur oder das stille Kämmerlein sind bestens geeignet. Es ist nicht immer leicht, in unserer lauten Zeit einen solchen Ort zu finden. Doch die Suche nach diesem Ort ist bereits ein Schritt auf der Suche nach dem Sinn des Lebens.
3. Kommen Sie an diesem ungestörten Ort zur Ruhe. Lassen Sie die Dinge des Alltags los. Mit oder ohne dafür erforderliche Mentaltechnik. Manchmal fällt es leichter, abzuschalten, manchmal weniger. Haben Sie Geduld. Die Antwort auf die Frage des Lebens erhält man in der Regel nicht beim ersten Anlauf. Das Leben will mit etwas mehr Enthusiasmus und Ausdauer ergründet werden. Auch das Abschalten gehört zur großen Suche. Seien Sie deshalb nicht ungeduldig mit sich. Selbst wenn es mal nicht oder nur schwer gelingt, sind Sie damit immer noch auf der großen Suche.
4. Sind Sie zur Ruhe gekommen, fragen Sie sich: Wo habe ich schon einmal dieses tiefe Gefühl der Verbundenheit, diesen Kontakt mit etwas Größerem gespürt? Wo habe ich mich als Teil von einem größeren Ganzen empfunden?

Im Einklang sein

Wenn Sie Antwort auf die obige Frage finden wollen, spüren Sie am besten diesem Gefühl der inneren Verbundenheit nach. Gehen Sie in Ihre Vergangenheit. Wann haben Sie dieses Gefühl der Verbundenheit schon einmal gespürt? Das muss nicht ein großartiges Hochgefühl für Stunden oder gar Tage gewesen sein. Oft ist es eine blitzartige Erkenntnis, ein emotionales Erlebnis in wenigen Sekunden. Manchmal muss man lange suchen, um in seinem Gedächtnis diese Augenblicke wieder wachzurufen.

Wenn Menschen dieses Gefühl haben, berichten sie davon, dass sie im Einklang mit allem waren, im Fluss mit dem Gang der Dinge, in Harmonie mit der Welt und dem Universum. Sie berichten davon, dass sie ein Gefühl der absoluten Sicherheit verspürten, oft auch ein Gefühl davon, dass alles irgendwie Sinn macht. Oftmals wissen die Menschen nicht genau, welcher Sinn das ist – doch sie spüren jenseits jeden Wissens, dass es einen Sinn, eine tiefe Ordnung gibt, die die Welt im Innersten zusammenhält. Dass das Leben Sinn macht und alles in Ordnung ist.

Meist sind diese spirituellen Erlebnisse von tiefen Emotionen begleitet, die Menschen fühlen sich tief berührt davon, haben das Gefühl, vollkommen im Hier und Jetzt aufzugehen. Keiner denkt bei einem solchen Erlebnis an morgen oder macht sich Sorgen. Dieses Gefühl kann blitzartig kommen und im Bruchteil von Sekunden vorübergehen. Es kann aber auch Minuten oder Stunden andauern. Momente, in denen man, wie es früher hieß, die Zeit verliert. Man kommt wieder zu sich, nach scheinbar wenigen Augenblicken – und vier Stunden sind vergangen.

Auffallend ist, dass diese spirituellen Erlebnisse in der Regel nicht von anderen Menschen abhängen, sondern sozusagen reine Privatsache sind. Dass man zusammen mit dem Partner den Himmel sehen kann, ist also eher Ausdruck unserer Romantisierung von Beziehungen als eine spirituelle Tatsache.

Alle Menschen, die so ein Erlebnis schon einmal hatten, berichten davon, dass es sich unvergleichlich gut anfühlt. Warum? Weil es das ist, was wir letztendlich suchen: Zugehörigkeit zu einem großen Ganzen, das über Beziehung, Familie, Beruf, Freundschaft und Gesellschaft hinausgeht.

Diese Momente äußerster Klarheit und Verbundenheit sind sehr selten. Wenn wir es schaffen, sie öfter zu erleben, werden wir unabhängig von den kleinlichen Sorgen einer hektischen Welt, wir werden uns öfter im inneren Gleichgewicht befinden und uns auch nicht so leicht von der hektischen Welt aus dem Gleichgewicht bringen lassen.

Ziel des Balancing ist, diese Augenblicke so oft wie möglich zu erleben oder zumindest eine so lebhafte Erinnerung daran zu haben, dass allein die Erinnerung uns in Balance hält. Wie können wir das erreichen?

Zugang zur spirituellen Ebene

Es gibt viele Zugänge zur spirituellen Ebene. Auch hier gilt eines der Grundprinzipien des Balancing: Jeder hat einen anderen Zugang. Jeder Zugang ist gut, solange er Zugang verschafft. Also suchen Sie sich Ihre Zugänge über Versuch und Irrtum. Probieren Sie, verwerfen Sie, suchen Sie andere Zugänge. Auch das gehört zur großen Suche. Manche Menschen sind enttäuscht, dass man Spiritualität nicht im Supermarkt kaufen oder einfach auf einem Wochenendseminar für den Rest des Lebens erwerben kann. So funktioniert das Universum eben nicht. Das Universum verlangt nichts Unmögliches. Es verlangt lediglich, dass wir uns für zehn Minuten am Tag von ganzem Herzen und mit ganzer Aufmerksamkeit unserem eigenen seelischen Gleichgewicht widmen. Ist das zu viel verlangt?

Jeder Mensch findet seinen Zugang zu seiner spirituellen Ebene auf andere Weise. Nachfolgend finden Sie eine kleine Auswahl an Zugängen. Probieren Sie einige davon aus oder probieren Sie andere aus. Hauptsache, Sie finden Ihren Zugang. Und das werden Sie auch. Es braucht immer weniger Anläufe, als man meist denkt. Ein idealer Zugang sind zum Beispiel spirituelle Orte. Für manche Menschen sind das Kirchen. Für andere sind es die Berge, das Meer, ein Wallfahrtsort, ein tiefer Wald, ein Kloster… Die Orte sind unbedeutend. Die einzig wichtige Frage ist:

> An welchen Orten finden Sie am leichtesten Zugang zu einer tiefen Verbundenheit mit etwas Größerem? Überlegen Sie, erinnern Sie sich, probieren Sie aus, wählen Sie neue Orte – bis Sie gute Orte gefunden haben.

Spiritualität

> Viele Männer zum Beispiel, das ist kein Witz, finden ihren Zugang im Bastelkeller. Dort fühlen sie sich eins mit ihrem Universum. Partner, die sich darüber lustig machen, dass der Kerl schon wieder vor der Drehbank steht, sagen wenig über den Kerl und viel über ihre eigene Spiritualität.

Gute Zugänge sind auch spirituelle Situationen oder Zeitpunkte, zum Beispiel ein Sonnenauf- oder -untergang, ein Mitternachtshimmel, die Natur nach einem Gewitterguss oder nach frischem Schneefall. Manche Menschen lässt das völlig kalt, andere könnten vor Freude weinen und tun es auch.

Auch Musik ist ein hervorragender Zugang. Manche Menschen finden diesen Zugang bei klassischer Musik, andere bei Opern, meditativer Musik oder New-Age-Klängen, wieder andere bei gregorianischen Gesängen – die Mönche singen nicht umsonst auf diese Weise, schließlich sind sie seit Jahrhunderten Meister der Spiritualität. Wenn Sie diese Gesänge eher albern finden, heißt das lediglich, dass Sie einen anderen Zugang haben.

Welche Art Musik fördert bei Ihnen den spirituellen Zugang?

Andere Menschen finden Zugang über die Literatur, über die großen Philosophen, die Klassiker der Belletristik oder über esoterische Literatur. Dagegen sind Soaps, Unterhaltungsmusik, Action- und Horrorfilme, Talkshows und andere Zerstreuungen auf keinen Fall Soul Food, Nahrung für die Seele. Unterhaltungsromane und Groschenhefte sind dafür nicht geeignet, weil sie eben zerstreuen, nicht sammeln. Dafür sind sie sehr unterhaltsam. Auch das bedeutet Balance: Alles zu seiner Zeit. Man kann nicht den ganzen Tag spirituell sein. Auch Engel brauchen nach einem Tag voll Spiritualität nach Feierabend mal ein Pils. Balance bedeutet beides: Unterhaltung und Spiritualität (und den Rest vom WLB-Rad) in Balance zu halten.

Balancieren Sie Zerstreuung und Sammlung

Auch bestimmte Menschen dienen dieser Sammlung und inneren Einkehr: Vorbilder, Mentoren.

 Stellen Sie sich die Balancing-Fragen: Welche Menschen sind gut für meine Seele? Welche nicht? Welche vermitteln Ärger, Stress, Hass, Wut? Wer redet mit mir über spirituelle Dinge, ohne sich lustig zu machen, ohne das Ganze als esoterisch abzutun? Wer gehört zu meinem spirituellen Kreis?

Denken Sie kurz zurück an das Segment des WLB-Rades mit Ihren sozialen Kontakten (s. Kapitel 3): Welche Kontakte gehören zum spirituellen Kreis? Sollten Sie in diesem WLB-Segment etwas ändern, um Ihr spirituelles Gleichgewicht zu sichern?
Bestimmte Tätigkeiten dienen ebenfalls als Zugang zur spirituellen Ebene: Meditation, Introspektion, Gebet, aber auch so durch und durch weltliche Tätigkeiten wie Holzhacken, Putzen, Aufräumen ... Die Tätigkeiten an sich sind nicht so wichtig; Hauptsache, sie verschaffen Ihnen Zugang. Welche Tätigkeiten empfinden Sie als meditativ-spirituell? Das sind meist ganz alltägliche Tätigkeiten. Logisch, das Spirituelle ist alltäglich. Es ist täglich, minütlich um uns herum. Wir müssen lediglich den Zugang dazu wiederfinden. Glauben Sie also nicht, wenn Ihnen ein Guru sagt, dass man sich, um spirituellen Zugang zu gewinnen, wie ein Einsiedler an einen abgeschiedenen Ort begeben oder ein Seminar für 10 000 Euro in der Moave-Wüste absolvieren muss. Das kann man, das muss man nicht. Wenn Spiritualität nur an bestimmte Orte oder Tätigkeiten oder Bankkonten gebunden wäre, wäre es keine Spiritualität. Spiritualität ist überall. Deshalb ist sie so leicht zu finden – und manchmal so schwer zu sehen.

Den Kontakt pflegen

Viele Menschen glauben, dass sie die Erleuchtung wie ein Blitz treffen und sie fortan ein erleuchtetes Leben im absoluten seelischen Gleichgewicht führen werden. Diese Vorstellung wird vor allem in vielen amerikanischen Selbsthilfebüchern mit einer Vehemenz vertreten, die viele Menschen nur allzu leicht für bare Münze nehmen. Wie bar diese Münze ist, erkennen Sie bei einem

Vergleich mit einer anderen amerikanischen Legende, dem American Dream: vom Tellerwäscher zum Millionär. Wie viele Millionen Amerikaner gibt es? Und wie viele haben es tatsächlich geschafft? Wenige Promille.

Die Literatur des alten Kontinents und der alten Kulturen ist da weitaus verlässlicher: Selbst Erleuchtete und Heilige werden täglich auf den Prüfstand gestellt, geraten täglich in Gefahr, ihr inneres Gleichgewicht zu verlieren.

Es gibt, vielleicht außer Nahtod-Erfahrungen, keine spirituelle Erfahrung, die ein ganzes Leben lang „hält" und einen gegen alle Störungen des Alltags feit. Das wäre schön. Es wäre auch schön, wenn es den Osterhasen gäbe. Aber es gibt ihn nun mal nicht. Im Grunde ist die Sache viel einfacher. Sie brauchen nicht auf die letztgültige Erleuchtung zu hoffen und zu warten. Alles ist Trainingssache. Auch Spiritualität will täglich gepflegt werden. Sonst verflüchtigt sie sich schnell im Alltag.

Tun Sie regelmäßig etwas dafür. Das spirituelle Gleichgewicht kommt nicht über Nacht, sondern wie alles im Leben mit der Übung. Eine gute Nachricht: Sie brauchen nicht auf die Erleuchtung zu warten. Sie können die Sache selbst in die Hand nehmen.

Innerer Friede ist keine Frage der spontanen Erleuchtung, sondern der fortwährenden inneren Hygiene

Spiritualität ist wie Fitness: Halten Sie sich täglich fit!

Eine Entdeckungsreise

Das spirituelle Gleichgewicht ist kein Ereignis, sondern ein Prozess, eine Entdeckungsreise. Wenn Sie sich auf diesen Prozess einlassen – an sich schon eine große Entscheidung –, werden Sie Schritt für Schritt eine Bewusstseinserweiterung erleben, tiefere Einsicht in die Zusammenhänge des eigenen Lebens, der Gesellschaft und der Welt gewinnen. Diese sinnsuchende Beschäftigung mit dem Leben an sich schafft den lange gesuchten Sinn. Nicht das Nachgrübeln ergründet den Sinn des Lebens, sondern die geistige Auseinandersetzung mit sich und der Welt. Wer den Sinn des Lebens finden will, wird sich durch Denken, Empfinden und Vorwärtstasten den letzten Geheimnissen nähern, nicht durch einseitige intellektuelle und daher distanzierte Grübelei.

 Wenn Sie Verbundenheit mit einem großen Ganzen suchen, spüren Sie dieser Verbundenheit so lange nach, bis die Verbundenheit nach und nach das Maß erreicht, das Ihr Leben in Balance bringt.

Diese Verbundenheit gibt es. Sie ist nicht denkbar, aber spürbar, erfahrbar, ergründbar. Spüren Sie sie, sind Ihre Gedanken sogar eher ausgeblendet, von nachrangiger Bedeutung. Gerade weil die Emotionen so viel wichtiger als der Intellekt für diese Verbundenheit sind, empfinden wir an diesem Punkt in unserem Leben so viel innere Ruhe, Gelassenheit und Gewissheit, so viel Glück.

Die Angst davor

Viele Menschen haben Hemmungen vor der eigenen Spiritualität. Sie haben Hemmungen, in etwas Größerem aufzugehen. Sie fürchten Identitäts- und Kontrollverlust. Sie fürchten, sich selbst zu verlieren.
Das Ego ist für Identität und Kontrolle zuständig. Es fürchtet, die Kontrolle zu verlieren, und behindert die Suche nach Spiritualität. Was zu der paradoxen Situation führt, dass die meisten Menschen sich vor dem fürchten, was sie aus tiefstem Herzen suchen. Sie suchen den Sinn des Lebens dort, wo alles kontrollierbar ist, in Äußerlichkeiten wie Erfolg, Besitz, Schönheit. Das ist das Gegenteil von Spiritualität.
Bei einer echten spirituellen Erfahrung spüren Sie gerade, dass Sie auch ohne Haus, Auto, Kinder und Schönheitsoperation wichtig und wertvoll sind. Wer also in Äußerlichkeiten nach dem Sinn des Lebens sucht, verweigert sich selbst diese Erfahrung, auch ohne jede Äußerlichkeit ein wertvoller, guter und schöner Mensch zu sein.

Spiritualität

> Wenn Sie den Sinn des Lebens suchen, sollten Sie sich ganz bewusst vom Ego und dessen Kontroll- und Identitätsdrang lösen und sich ganz bewusst auf etwas Größeres, Unbekanntes einlassen.

Der Sinn des Lebens liegt nicht in der Kontrolle, sondern in der Erfahrung. Wer sich zu verlieren fürchtet, wird sich nicht finden. Wer sich selbst für einen Augenblick aufgibt, wird sich selbst finden. Klingt einfach, ist aber eine Lebensaufgabe.

> Sie verlieren die Angst vor dem großen Unbekannten, indem Sie einen klaren Zeitrahmen abstecken: Für die nächsten zehn Minuten lasse ich mich auf alles ein, was kommt. Auf jeden Gedanken, jede Empfindung. Selbst wenn das große Unbekannte mich erschreckt – spätestens nach zehn Minuten (Sie können ja den Wecker stellen) übernimmt mein Ego wieder die Kontrolle.

Wir können Ihnen versichern: Es ist noch kein Suchender im Nirwana verschwunden. Es gibt keine Verschollenen auf der Suche nach dem Sinn des Lebens. Jeder kann zurück. Keiner ist nachher ein total anderer Mensch und kennt sich selbst nicht wieder. Keiner muss fortan als Einsiedler sein Leben fristen. Dass man in einem spirituellen Erlebnis seine Identität verliert, ist ein Ammenmärchen. Das Gegenteil ist der Fall. Man findet sich dabei. Doch Ammenmärchen halten sich bekanntlich lange ...
Sie werden dabei eine Erfahrung machen: Wer sich ängstlich an sein Ego, an Kontrolle und Identität klammert, findet nie seine echte Identität. Wer sein Ego dagegen zeitweilig loslässt, gewinnt echte Identität. Wer für kurze Zeit die Kontrolle aus der Hand gibt, bekommt etwas viel Besseres als Kontrolle, nämlich eine höhere Führung, eine übergeordnete Anleitung, eine große Orientierung, einen Masterplan. Man verliert dabei gänzlich die Furcht vor dem Leben und die Angst um die Zukunft. Eben weil man

geführt wird, intuitiv erkennt, worauf es ankommt. Es ist die Tragödie unserer modernen Welt, dass sie so sehr auf den Intellekt baut, dass die Intuition, die sie retten könnte, kaum beachtet wird.

Woher kommt das?

Woher kommt diese Erfahrung der Ganzheitlichkeit, der Zugehörigkeit zu einem größeren Ganzen? Aus einer ganz einfachen Tatsache, die in der Alltagshektik jedoch ständig aus dem Blickwinkel verschwindet: Wir sind eigentlich schon immer Teil eines größeren Ganzen. Solange wir leben, sind wir Teil einer Familie, einer Kultur, eines sozialen Netzes, eines Unternehmens, einer Gesellschaft, einer Umwelt… Wir atmen Luft, die die Pflanzen erzeugen, die wir selbst gepflanzt haben, und wir produzieren CO_2, das uns in Form von Überschwemmungen dann wieder heimsucht. Wir sind also ständig irgendwie Teil eines größeren Ganzen – wir blenden das lediglich die meiste Zeit des Lebens aus. Auch deshalb wird Indianern nachgesagt, dass sie so spirituell leben: Sie vergessen selten, dass sie Teil eines größeren Ganzen sind, und leben bewusst in dieser Ganzheit. Auch wenn es uns kindisch erscheint, zu einem Gott des Regens zu beten, zeugt es doch von einer tieferen spirituellen Verbundenheit, als die Wetterkarte der Tagesschau anzusehen. Der Intellekt kann nun mal Verbundenheit nicht besonders erfassen.

Keiner ist eine Insel. Jeder ist automatisch mit allen und allem verbunden – auch wenn er das bewusst nicht wahrnimmt. Es bewusst wahrzunehmen und nachzuspüren heißt, die eigene Spiritualität wiederzuentdecken. So gesehen haben wir modernen Menschen unser eigenes Seelenheil aufgegeben, indem wir alles erklären und uns so von unserer eigenen Spiritualität abschneiden. Spüren ist besser für die Seele als Erklären.

Der Verstand ist eine phantastische Sache – aber würden Sie ihm Ihr Seelenheil anvertrauen? Nicht? Dann hören Sie auf damit.

Schalten Sie auf Empfang

Unsere moderne Welt ist so auf den Verstand fixiert, dass Sie sich aktiv und selbstständig Inseln für die Seele, Pausen fürs eigene Seelenheil schaffen müssen. Das ist Balancing: die bewusste Pflege des seelischen Gleichgewichts.

Wir alle sind ständig mit allen und allem verbunden. Wer jedoch gerade TV schaut, wird diese Verbundenheit nicht spüren. Darauf kommt es aber an. Die Spiritualität ist überall – wir nehmen sie bloß nicht mehr wahr. Wir brauchen uns lediglich wieder offen für sie zu machen, uns buchstäblich zu öffnen, unser Seelen-TV auf den richtigen Sender einzustellen. Wir alle sind von Geburt an mit den nötigen Empfangsmöglichkeiten ausgestattet, wir alle haben das richtige TV-Gerät bekommen – wir müssen lediglich den richtigen Sender einstellen. Wir haben die Empfangsmöglichkeiten, wir brauchen sie nur zu nutzen.

So gesehen ist Spiritualität nicht das, als was sie von Unerfahrenen eingeschätzt wird: etwas Esoterisches, Mystisches, Abgehobenes. Sie ist ganz einfach die Wahrnehmung dessen, was wir von Geburt an sind: verbunden. Die Wahrnehmung unserer eigenen Verbundenheit mit allem ist Spiritualität. Fühlen wir uns verbunden, kommt das spirituelle Gleichgewicht wieder ins Lot. So einfach ist das. Aber es ist nicht leicht. Es ist vor allem nicht leicht, diese Verbundenheit im Alltag zu spüren. Dort sollten wir sie aber spüren. Denn im Alltag kommt unser seelisches Gleichgewicht am häufigsten aus der Balance.

Spiritualität im Alltag

Jede innere Distanzierung schadet der Seele

Im Alltag sind wir normalerweise das Gegenteil von spirituell. Wir fühlen uns eben nicht verbunden mit Kunden, Tieren, Chefs, Umwelt, dem Wetter, den Topfpflanzen oder dem Kerl vor uns, der bei Grün nicht losfährt. Deshalb fühlen wir uns nicht aufgehoben, selbstsicher, gehalten, geführt, frei.

> Wir glauben, dass unser Gleichgewicht gestört ist, weil uns jemand aufregt. Dabei ist es gestört, weil wir uns nicht mit ihm verbunden fühlen.

Es erscheint übermenschlich, sich mit jemandem, der uns aufregt, verbunden zu fühlen. Deshalb erscheint es uns auch so übermenschlich, uns nicht darüber aufzuregen, wenn uns jemand oder etwas aufregt. Das Problem daran: Das eine (Getrenntheit) ist nicht Folge, sondern Ursache des anderen (Ärger). Um es an einem einfachen Beispiel zu verdeutlichen: Normalerweise ist uns Jacke näher als Hose. Was kümmert mich der Kollege, der eben gefeuert wurde? Ich habe schließlich Frau und Kinder zu versorgen und er ist Single! Jeder ist sich selbst der Nächste. Den Kollegen würde es auch nicht sonderlich kratzen, wenn ich gefeuert würde.

Was passiert hier? Hier spricht der gesunde Menschenverstand oder das, was wir dafür halten. Welche Wirkung hat das? Wir distanzieren uns. Wir ziehen einen Trennstrich zwischen uns und dem Kollegen.

Trennung, Isolation, Abgrenzung sind das Gegenteil von Spiritualität

Mit jeder Trennung, Ausgrenzung, Isolierung tun wir unserer Seele weh, schaden wir unserer Spiritualität, werfen wir die Seele aus dem Gleichgewicht. Wir spüren das auch. Wir rechtfertigen uns nämlich dafür: „Natürlich ist es mir lieber, dass der Kollege geht – schließlich muss ich an meine Familie denken!" Wir müssten uns nicht rechtfertigen, wenn wir nicht tief drinnen spüren würden, dass wir gerade etwas Dummes tun. Etwas, das uns selbst schadet. Wir wissen nur nicht, warum. Weil wir es nicht ergründen. Wenn wir es ergründen, machen wir Balancing: Wir bringen unsere Seele wieder ins Lot.

Der kleine Tod der Seele

„Warum soll ich den Müll trennen, wenn ein Chemieunfall mehr Umwelt zerstört als mein bisschen Hausmüll?" „Warum soll ich ein schadstoffarmes Auto kaufen, wenn die Industrie Tonnen von Ruß in die Umwelt bläst?" „Warum soll ich mich um den Regenwald kümmern, wo der doch am Ende der Welt ist?" „Warum sollte ich meine Schüler erziehen? Dafür sind deren Eltern zuständig!"
Das stimmt alles. Die Industrie macht viel mehr Müll als ein einzelner Mensch und der Regenwald ist wirklich weit weg. Ich kann vielleicht nicht wirklich etwas dagegen tun und ich kann nicht wirklich die Entlassung meines entlassenen Kollegen verhindern oder ihm einen neuen Job geben.

> Sie können gegen vieles, das passiert, nicht wirklich etwas tun. Aber wenn Sie schon nichts dafür tun können, können Sie sich wenigstens damit verbunden fühlen – denn sonst nimmt auch noch Ihre Seele Schaden.

Das meinte Hermann Hesse, als er sagte, dass mit jedem weinenden Kind, das nichts mehr in einem auslöst, mit jedem Unglück, das man unberührt zur Kenntnis nimmt, die eigene Seele ein klein wenig stirbt. Das ist es, was die Philosophen den kleinen Tod der Seele nennen, einen weitaus schlimmeren Tod als den körperlichen. Denn wir distanzieren uns dutzende Mal am Tag von allerlei Dingen und Personen – und jedes Mal kommt das seelische Gleichgewicht ein wenig stärker aus dem Lot.
Jetzt können Sie nachvollziehen, warum so viele Menschen abends gefrustet nach Hause kommen. Wenn die Seele stirbt, ist der Schmerz schlimmer als ein gebrochenes Bein – vor allem weil man oft nicht die leiseste Ahnung hat, warum zum Kuckuck man denn so frustriert ist.
Wir beschädigen unsere Seele, indem wir uns innerlich von etwas distanzieren, lossagen, trennen, mit dem wir eigentlich verbun-

Jede innerliche Trennung von etwas oder jemandem beschädigt das seelische Gleichgewicht

den sind. Verbundenheit zulassen und spüren heißt das seelische Gleichgewicht pflegen.

Weniger tun, mehr verbunden fühlen

Sie müssen nicht alles und jedem helfen. Das können Sie gar nicht. Aber Sie können sich den Dingen und Menschen, denen Sie begegnen, verbunden fühlen. Das kostet nichts. Nicht einmal Zeit. Es kostet auch keine Kraft. Im Gegenteil, es gibt Kraft. Denn nichts gibt mehr Kraft, als sich mit etwas Größerem verbunden zu fühlen. Es kostet lediglich etwas Überwindung. Weil wir es nicht gewohnt sind. Weil wir das Gegenteil gewohnt sind. Weil wir uns angewöhnt haben, uns den ganzen Tag von so vielem zu distanzieren. Von den doofen Kollegen, dem fordernden Chef, den nörgelnden Kindern, der schlechten Konjunktur, der versauten Umwelt ... Sie müssen nicht jedem helfen. Aber fühlen Sie sich mit ihm verbunden.

> In ihrer einfachsten Form ist Spiritualität nichts anderes als Empathie: sich mit anderen verbunden fühlen.

Bitte verwechseln Sie das nicht mit Mitleid: mit anderen mitleiden. Ein Arzt, der mit seinen Patienten mitleidet, kann ihnen nicht mehr helfen. Er soll nicht mitleiden, sondern mit dem Patienten verbunden sein. Vielleicht kann ich wirklich nichts für den Kollegen tun, der gerade gekündigt wurde. Ich sollte auf jeden Fall nicht seinen ganzen Schmerz fühlen. Aber ich kann Empathie zeigen, mich mit ihm verbunden zeigen und ihm zum Beispiel sagen: „Wie fühlst du dich? Es tut mir echt Leid. Ich schätze dich als Kollegen. Du wirst mir fehlen. Halt mich auf dem Laufenden. Ruf an. Rede mit mir, wenn du mit jemandem reden möchtest."
Er wird sich darüber freuen? Sicher, aber darauf kommt es uns in diesem Kapitel nicht so sehr an, so verrückt das klingt. Es wird Ihnen gut tun. Wenn Sie auch nur über ein Fünkchen Empathie

verfügen, werden Sie schon beim Lesen dessen, was Sie einem Kollegen sagen können, gespürt haben, wie Sie sich besser fühlen. Warum? Weil Verbundenheit ein Wohlgefühl verursacht, das mit wenig anderem vergleichbar ist. Eben weil es im Grunde das ist, was wir zum seelischen Gleichgewicht brauchen. Auch wenn das manchmal schwer zu verstehen ist …

Wer so mit einem gefeuerten Kollegen umgeht, isoliert sich nicht, sagt sich nicht innerlich los von ihm, sondern zeigt Verbundenheit. Das heißt, er zeigt das, was er eigentlich ist. Er verhält sich so, wie er tatsächlich ist: verbunden.

Unsere Seele nimmt immer dann Schaden, wenn wir das leugnen, was wir sind: verbunden

Die innere Zerrissenheit

Manche regen sich über Menschen auf, die Abfall in die Natur, die leere Coladose aus dem fahrenden Auto werfen. Uns tun solche Menschen leid. Sie sind Lichtjahre von ihrem seelischen Gleichgewicht entfernt. Sie glauben, „die da oben" zu schädigen, dabei schädigen sie sich selbst. Nicht, indem sie einen Wald verschmutzen, sondern indem sie ihre Seele verschmutzen, indem sie eine künstliche Trennung zwischen sich und „denen da" oder der Umwelt hochziehen.

Warum tun sie das? Eben weil sie die innere Zerrissenheit spüren und glauben, sich dafür an jemandem rächen zu müssen. Dabei machen sie den Riss nur tiefer. Deshalb meinte Thoreau, dass die meisten Menschen ein Leben in stiller Verzweiflung führen: Wer innerlich zerrissen ist, wird mit fortschreitendem Alter immer verzweifelter, weil sich der Riss trotz allem, trotz Beförderung, Vermögen und Kindersegen, nicht verringert, sondern immer größer wird.

Ein Seminarteilnehmer sagte einmal auf die Frage, warum er ein Papiertaschentuch nicht einfach neben den Waldweg werfe – das vermodere schließlich: „Ich werfe doch auch keinen Müll in meinen Vorgarten." Spüren Sie den Unterschied? Er fühlte sich mit dem Wald, der ihm gar nicht gehörte und den er wahrscheinlich auch nie wieder begehen würde, innerlich verbunden. In diesem Moment war er spirituell. So winzig diese Spiritualität auch war, alle um ihn herum spürten seine Ganzheit, seine innere Ruhe. Sein Leben ist reicher, gelassener, sicherer durch diese kleine Verbundenheit. Verbundenheit macht unser Leben reicher, tiefer, sinnvoller.

Das Paradoxon der Verbundenheit: Wer sich verliert, findet sich

Verbundenheit hat einen paradoxen Effekt, den wir oben schon einmal kurz angeschnitten haben: Wenn wir uns verbunden fühlen, spüren wir unsere eigene Identität stärker. Wenn wir unsere eigene Identität krampfhaft durchboxen, Kontrolle erlangen wollen, verlieren wir sie. Dazu ein alltägliches Beispiel.

Fred regt sich fürchterlich über seinen Chef auf: „Was denkt der sich eigentlich? So kurz vor der Präsentation noch die Projektspezifikationen zu ändern! Das geht doch nicht!" Was tut Fred da? Er grenzt sich ab: Ich bin ein guter Mitarbeiter – der da ist ein böser Chef.
Würde Fred sich nur ein klein wenig mit dem Chef verbunden fühlen, „Ach, unser Chef steht mal wieder selbst unter Druck von oben", dann würde der Chef zum kleinen Teil im Universum. Fred würde sich gar nicht oder viel weniger darüber aufregen. Denn über kleine Teile regt man sich nicht auf. Doch da Fred sich so krampfhaft vom Chef abgrenzt, bläst er den Chef damit so weit auf, bis dieser nicht mehr ein kleiner Teil des Universums, sondern Freds ganzes Universum wird: Fred dreht sich nur noch um seinen Chef und seinen Ärger mit ihm. Der Ärger füllt seinen ganzen Kopf, sein ganzes Denken aus, wird zum Zentrum seines Universums. Fred denkt an nichts anderes mehr, er hat sich verloren. Weil er sich so krampfhaft abgegrenzt, weil er so krampfhaft auf der eigenen Identität beharrt hat. Auf diese Weise entstehen in letzter Konsequenz auch Kriege. Was uns zu einem interessanten gesellschaftlichen Aspekt der Spiritualität bringt.

Wer sich verbunden fühlt, braucht keine Gesetze

Wenn sich alle mit allen verbunden fühlen würden, gäbe es keine Konflikte und keine Kriege. Denn wie kann ich jemandem aufs Auge hauen, den ich im Grunde meines Herzens verstehe, mich seinem Leben verbunden fühle? Das geht nicht. Arno Gruen, der Psychologe, meint sogar, dass Konflikte, Kriege und Grausamkeiten jeder Art lediglich die Projektion unserer inneren Zerrissenheit sind, die so schmerzhaft ist, dass wir es nicht aushalten können und sie unbewusst auf andere projizieren, um sie an ihnen zu bekämpfen. Deshalb dauern viele Konflikte (Irland, Naher Osten, Familienfehden ...) schon so lange: Der Kampf ist nie zu Ende. Denn egal, wie viele Feinde ich erledige, wie lange ich mit Onkel Theo kein vernünftiges Wort mehr rede – der Riss im Innern wird nicht kleiner, sondern größer! Also muss ich wohl noch mehr Feinde erledigen, Onkel Theo noch deutlicher sagen, was ich von ihm halte ...
Wenn sich alle mit allem und allen verbunden fühlen würden, bräuchten wir keine Gesetze, weil jeder für jeden und alles mitdenken, weil er mit allem und allen mitfühlen würde.
Wir bräuchten keine Umweltschutzgesetze, weil kein Mensch Gift in seinen eigenen Vorgarten kippen würde. Wir bräuchten keine Eigentumsgesetze, weil niemand seinen Nächsten bestehlen würde, da er sich dadurch selbst bestehlen würde beziehungsweise weil der andere mir gern das gäbe, was ich von ihm begehre, weil er es sich damit letztendlich selbst gibt. Klingt utopisch? Ist es derzeit bis auf wenige Gesellschaften in abgelegenen Dschungel- und Gebirgsdörfern auch. Kehren wir zum Alltäglichen zurück.

Am Ende wird man klug

Manager werden nach Politikern oft als Personifizierung des Bösen in der modernen Welt stigmatisiert. Das trifft zu und trifft nicht zu. Es trifft zu, dass gerade Manager und Politiker unter einer extremen inneren Zerrissenheit leiden. Deshalb feuern sie Menschen, ohne mit der Wimper zu zucken, und betonieren Spielplätze zu. Sie sind auf dem Erfolgstrip, um den inneren Riss zu kitten, ohne so recht zu registrieren, dass sie ihn damit umso stärker aufreißen.

Dieser Bumerangeffekt des so genannten Erfolgs ist gerade bei Managern (bei diesen haben wir Einblick, bei Politikern fehlt er uns) so groß, dass immer mehr Manager ihm allein wegen seiner galaktischen Größe auf die Schliche kommen. Sie merken, was gespielt wird. Viele kommen zu uns ins Coaching und sagen Dinge wie: „Je größer meine beruflichen und gesellschaftlichen Erfolge werden, desto ärmer werde ich innerlich." „Je mehr ich erreiche, desto weniger weiß ich, wer ich bin und was ich will." „Ich kann es mir bald nicht mehr leisten, Erfolg zu haben. Es kostet mich mein Seelenheil." Goethe lag im Faust mit seinem Pakt mit dem Teufel richtig: Erfolg kann die Seele kosten, wenn er auf Kosten der Verbundenheit geht. Die großen Literaten aller Kulturen wissen das seit Jahrhunderten und schreiben darüber. Eigentlich müsste man es bloß lesen und verstehen ...

Deshalb stehen Manager in fortgeschrittenem Alter in Suppenküchen, stiften Kliniken, Kindergärten oder Bolzplätze. Nur die wenigsten tun's, um das schlechte Gewissen zu beruhigen. Die meisten entdecken im Alter ihre „soziale Ader", wie das immer genannt wird. Sicher hat dieses Verhalten auch eine soziale Wirkung. Der Obdachlose freut sich sicher, dass der Vorstandsvorsitzende ihm eine Tasse Suppe ausschenkt. Doch der Vorstandsvorsitzende hat deutlich mehr davon. Wie es ein Vorstandsmitglied mal ausdrückte: „Einen Teller Suppe kann man durch was anderes ersetzen. Mein seelisches Gleichgewicht nicht." Der Obdachlose bekommt einen Teller Suppe, das Vorstandsmitglied sein Seelenheil. Ein guter Deal. Und so einfach. Man braucht keine Megafusionen und Milliardenbudgets dafür. Nur jemanden oder etwas, womit man sich verbunden fühlen kann. Die Welt ist voll davon. Sie haben freie Auswahl.

Am Ende einer Karriere erkennen viele Manager, dass nicht Ruhm und Geld, Erfolg und Vermögen das Leben ausmachen, sondern letztendlich, wenn alles gesagt und getan ist, der Seelenfriede. Wer seine Verbundenheit mit den Dingen und Menschen zeigt, fühlt und lebt, die ihn umgeben, findet diesen Seelenfrieden und sein seelisches Gleichgewicht. Hoffen wir, dass es nicht erst zum Ende einer Karriere dazu kommt …

Starker Tobak

Wenn Sie nach den letzten Seiten noch bei der Lektüre sind, atmen Sie erst einmal tief durch. Die letzten Seiten waren starker Tobak. Deshalb haben wir sie ans Ende dieses Buches gestellt. Eine Seminarteilnehmerin drückt es aus: „Das wirft einen erst mal um. Dabei ist alles so einleuchtend! Doch in unserer Gesellschaft wird daran kaum ein Gedanke verschwendet." Da trifft sie den Nagel auf den Kopf.
Es ist einleuchtend: Ohne das seelische Gleichgewicht ist ein Leben eben nicht tatsächlich im Lot. Es fehlt immer etwas. Es fehlt das Letzte, Höchste, Endgültige. Da außerdem alle Teilgleichgewichte interdependent sind, gilt auch: Wie gesund können Sie schon sein, wenn Ihnen der Seelenfriede fehlt? Wie gut kann Ihre Beziehung schon werden, wenn quer durch Ihr Innenleben ein Riss geht? Wie zufrieden können Sie mit Ihrer Arbeit sein, wenn Ihre Arbeit in der aktuellen Form Ihr Seelenleben beschädigt?
Trotzdem wirft einen die Beschäftigung mit dem eigenen seelischen Gleichgewicht erst einmal um. Da tun sich Tiefen auf, vor denen wir uns unser ganzes bisheriges Leben eher versteckt haben. Gerade deshalb flüchten wir uns oft in Erfolg und andere Äußerlichkeiten: um uns nicht mit dem seelischen Gleichgewicht beschäftigen zu müssen.
Gleichzeitig ist das Ganze aber auch sehr lohnend. Wer sich mal den berühmten Ruck gegeben hat und sich wirklich einmal zehn Minuten lang mit seinem seelischen Gleichgewicht beschäftigt hat, wird diese Übung nie wieder missen wollen, weil er sehr tief gespürt hat, wie gut ihm das tut. Schließlich ist es das, was uns bislang im Leben noch fehlte. Das, wonach wir so lange gesucht haben.

Gott?

Kann man über Spiritualität reden, ohne Gott zu erwähnen? Man kann. So seltsam es klingt: Menschen, die spirituelle Erfahrungen gemacht haben, reden von Gott – oder nicht. Wer sich für Sekunden oder Stunden mit einem größeren Ganzen verbunden fühlte, tiefen Einblick in den Sinn des Lebens fand, hat für Namen und Etiketten den Sinn verloren. Denn er hat einen buchstäblich höheren Sinn gefunden. Diese Erkenntnis ist auch in vielen Weltreligionen verwurzelt, die es ausdrücklich untersagen, den Namen ihrer Gottheit auszusprechen: Namen sind nicht relevant. Entweder man hat die spirituelle Erfahrung gemacht, dann tun Namen nichts zur Sache – oder man hat sie noch nicht gemacht. Dann hilft ein Name nicht, er hindert. So einfach lösen sich manchmal die drängenden Fragen unserer Existenz.

Die Sprache der Seele

Ein Tipp zum Abschluss: Es ist nicht immer leicht, in unserem hektischen Alltag der Seele Gutes zu tun. Wir sind es so gewohnt, uns von vielem zu distanzieren, dass uns das reflexhaft passiert. Daher sind Signale recht nützlich. Sie helfen uns, es schneller und besser zu erkennen, wenn wir uns wieder mal ausgrenzen und der Seele Schaden zufügen. Eines der besten Signale ist die eigene Sprache.
Denken Sie an unser Beispiel oben zurück: „Was kann ich schon tun, wenn der Kollege entlassen wird?" Wir distanzieren uns sprachlich sehr oft von irgendetwas oder irgendjemandem. Wenn Sie also das nächste Mal wieder dieses komische Gefühl beschleicht, dass irgendetwas nicht in Ordnung ist, fragen Sie sich einfach: Distanziere ich mich gerade wieder? Erinnern Sie sich an das, was Sie eben sagten. An der Formulierung erkennt jeder schnell, ob es eine Distanzierung ist.
Sprache ist nicht nur ein Signal für Distanzierung, sondern zugleich das Heilmittel dagegen: Wer sich sprachlich mit jemandem

bewusst in Beziehung setzt, fühlt sich auch mit ihm verbunden. Deshalb ist es ganz einfach, den Seelenschaden abzuwenden und der Seele Gutes zu tun: Sprechen Sie so, dass Sie sich mit jemandem in Beziehung setzen. In unserem Beispiel: „Wie geht es dir damit? Ja? Das verstehe ich gut." Es ist wirklich ganz einfach – und wirkungsvoll.

Auf einen Blick: Werte – was wirklich wichtig ist in Ihrem Leben

- ❏ Sie können Ihr Leben erst dann ins Gleichgewicht bringen, wenn Sie Ihre Werte kennen.

- ❏ Lernen Sie sie kennen, zum Beispiel mit der CIA-Methode.

- ❏ Betrachten Sie vor dem Hintergrund Ihrer neu ergründeten Werte Ihre Aktivitäten in allen Bereichen des WLB-Rades: Passen diese überhaupt zu Ihren Werten? Oder sollten Sie sich teilweise neue suchen (Aktivitäten, nicht Werte)?

- ❏ Wenn in Ihrem Leben ein (innerer) Konflikt immer wieder aufbricht: Halten Sie ihn nicht aus. Das ist wirklich nicht auszuhalten.

- ❏ Identifizieren Sie lieber die dahinter liegenden widerstreitenden Werte und lösen Sie den Wertekonflikt.

- ❏ Einen Wertekonflikt lösen Sie, indem Sie jedem beteiligten Wert zu seinem Recht verhelfen.

- ❏ Sie verhelfen einem Wert zu seinem Recht, indem Sie sich fragen: Was kann ich tun oder lassen, damit dieser Wert befriedigt wird?

- ❏ Kennen Sie Ihre wichtigsten Werte, bekommt Ihr Leben die Klarheit und Orientierung, die Sie sich immer gewünscht haben. Sie wissen genau, was Sie tun möchten und worauf Sie künftig gut und gern verzichten können.

Auf einen Blick: Ihr seelisches Gleichgewicht

❑ Zu einem Leben in Balance gehört auch das seelische Gleichgewicht – es geht nicht ohne.

❑ Finden Sie heraus, an welchen Orten, in welchen Situationen, mit welchen Menschen, bei welchen Aktivitäten Sie Zugang zu Ihrem eigenen Seelenleben finden.

❑ Das seelische Gleichgewicht ist wie Zähneputzen: Man sollte es regelmäßig machen. Einmal ist keinmal.

❑ Das seelische Gleichgewicht kommt nicht in einer blitzartigen Erleuchtung, die ein ganzes Leben lang vorhält, sondern ist schlicht und einfach Trainingssache. Die Regelmäßigkeit ist entscheidend.

❑ Pflegen Sie Ihr seelisches Gleichgewicht täglich. Das wird Ihnen leicht fallen, denn Sie werden merken, wie gut es Ihnen tut.

❑ Sie brauchen keine Angst vor dem großen Unbekannten zu haben: Keiner kann sich darin verlieren. Es ist noch jeder zurückgekehrt.

❑ Pflegen Sie die Spiritualität im Alltag. Hören Sie auf, sich von Menschen und Dingen zu distanzieren. Das schadet Ihrer Seele.

❑ Fühlen Sie sich verbunden mit den Dingen und Lebewesen, die Sie umgeben. Das bringt das seelische Gleichgewicht wieder ins Lot.

❑ Achten Sie auf Ihre Sprache: Zeigt sie Distanzierung oder Verbundenheit?

Nachwort

Schön, dass wir Sie bis hierher auf Ihrem Weg zu einem ausgeglichenen Leben begleiten durften. Machen Sie sich keine Sorgen über die Fülle der Anregungen, die Sie in diesem Buch erfahren haben. Machen Sie erst mal Pause, legen Sie das Buch beiseite und tun Sie das, was die Balance Ihnen nun rät: Verspannter Nacken? Räkeln und Strecken. Brummender Kopf? Vielleicht ein Spaziergang. Oder steht Ihnen der Sinn nach etwas Streicheleinheiten? Hören Sie auf die Stimme der Balance in Ihrem Innern. Sie wird Ihnen sagen, was Ihnen gerade jetzt gut tun wird.
Danach können Sie das Buch wieder mal zur Hand nehmen und einfach an irgendeiner Stelle, die Ihnen wichtig erscheint oder die Ihnen leicht fällt, das Gelesene in die Tat umsetzen. Es ist egal, wo Sie beginnen. Da beim Balancing alles irgendwie zusammenhängt, werden Sie irgendwann alles auf die Reihe bekommen – egal, wo Sie jetzt beginnen.
Gehen Sie die ganze Sache unverkrampft und neugierig an, das ist die beste Einstellung. Balancing ist eine Lebensaufgabe, ein sehr schönes und lohnendes Hobby, das Sie immer und überall pflegen können. Es wird nicht immer leicht sein, das zu tun oder zu lassen, was Sie gerade in Balance bringen würde. Doch wer einmal weiß, was ihm gerade gut tun würde, der hat auch automatisch die Kreativität, sich etwas einfallen zu lassen, Wege zu finden, um das, was ihm gut tut, zu bekommen – ohne dass die Umwelt gleich einen Aufstand anzettelt.
Sie können Ihr Leben ganz allein in Ordnung bringen. Mit diesem Buch funktioniert das. Viele Menschen machen es gern do it yourself. Viele andere Menschen machen es anfänglich oder zur Auffrischung lieber mit anderen Menschen zusammen, zum Beispiel auf einem Seminar. Andere suchen die Anleitung eines professionellen Coachs. Auch das ist prima. Inzwischen wissen Sie:

Jeder hat seinen eigenen Weg, in Balance zu kommen. Respektieren Sie Ihren Weg.
Wenn wir Sie dabei unterstützen können, tun wir das natürlich gern:

Heike M. Cobaugh
KOMZEN
Bertramstraße 12
65185 Wiesbaden
Tel: 06 11-3 41 35 29
E-Mail: mail@komzen.de
Internet: www.komzen.de

Susanne Schwerdtfeger
Schwerdtfeger Training & Beratung
Mainzer Straße 38A
64521 Groß-Gerau
Tel: 0 61 52-91 08 31
E-Mail: kontakt@s-tb.de
Internet: www.s-tb.de

Stichwortverzeichnis

A
Ablenkung 93
Abschalten 90, 114
Abschied vom alten Leben 45
Achtsamkeit 165
After-Work-Ausgleich 174
After-Work-Partys 79
Aha-Erlebnis 25
Alltag 213
Alter 133
Alternativvorschlag 65
Angst 14, 39f., 186
Arbeit 16, 22f., 25, 29, 35
Aufmerksamkeit 90
Ausdauer-
   -sportart 157
   -training 175
Autonomie, emotionale 118

B
Balance-
   -punkt 51
   -störung 58, 177
   -verweigerung 88
Balancing 34, 134, 172, 187, 206, 213, 225
   -Hemmnisse 38
   -Maßnahme, prophylaktische 27
Bedürfnisse 66
   –, emotionale 118, 120

Belastungen, einseitige 171
Beruf(s-) 16
   -balancewunsch 30, 35, 41
Bewegung(s-) 169
   -drang, natürlicher 170
Beziehung(s-) 85, 95
   -flucht 87
Bezugsperson, emotionale 88
Bindungen, emotionale 16, 84, 90, 97

C
CIA-Methode 194
CIA-Übung 198
Countervailing Power 142

D
Dauerstress 183
Denken lernen 144
Denken, privates 148
Denkpausen 149
Deprivation(s-)
   –, soziale 51
   -test 50
Dialog, innerer 119
Disbalance(-) 13f., 16, 25, 101, 192
   –, körperliche 152
   -Analyse 54
Du-Botschaften 183

E
Ebene, spirituelle 206
Ego 210
Einstellung, konstruktive 187
Einwände 132
Emotionalität 108
Empathie 216
Energie 71
   –, geistige 81
Entdeckungsreise 209
Entspannung 139
Entweder-oder-Irrtum 57
Entwicklung 139
   –, geistige 133
   –, intellektuelle 16, 122, 142
Erinnerung 66
Ernährung(s-) 159
   -gewohnheiten 159
   -programm, geistiges 148
Erwartungen
   –, fremde 106
   –, realistische 106

F
Fähigkeiten 32
Familie(n-) 85
   -flucht 87
Fernsehen 138
Fluchttendenzen 70
Formulieren, konkret 31
Freiheitsgrade 39
Freiräume 30
Freizeit 23
Freunde 56, 77f.
Freundschaft 58f.
Frustration 26
Furcht 40

G
Ganz-oder-gar-nicht-Irrtum 59
Gegengewicht, intellektuelles 142
Gehirnjogging 140
Gesamtziele 34
Gespräch(s-)
   –, vertrauliches 86
   -qualität 113
   -themen 110
Gesundheit 156
   –, körperliche 16
Gewissen, schlechtes 61, 93, 104, 135
Glaubwürdigkeit 99
Gleichgewicht 14f., 35, 195, 214
   –, körperliches 152
   –, seelisches 213, 221, 224
   –, soziales 57
   –, spirituelles 209
Glück(s-) 48
   –, persönliches 19
   -momente 16
   -punkt, innerer 18, 28, 38

H
Hemmungen 78
Herdentrieb 41
Hilflosigkeit, erlernte 134
Hobby 130
   –, geistiges 147
Humankapital 22

I
Ich-Botschaft 92, 183
Identität(s-) 211
   -drang 211
Intellekt 212
Interessen, gemeinsame 94
Intuition 212

J
Jetzt-erst-mal-Karriere-
   Irrtum 60

K
Karriereschaden 43
Klarheit, innere 200
Kommunikation 97
Kompetenz, kommunikative 73
Konkret formulieren 31
Kontakte
   –, beruflich-soziale 74
   –, soziale 16, 50, 52f., 62, 76, 81f.
Kontaktpflege 68f.
Kontrolldrang 211
Kontrolle 25
Kosten 36
Krankheit, stressbedingte 14
Kreativität 200
Kritiker, innerer 119

L
Learning by Doing 103
Leben in Balance 18
Lebensbereiche 17
Leere, innere 191
Leistungsgesellschaft 57, 143
Liebe 97

M
Mahlzeiten 167
Monokultur 76
Motivation 28, 31, 81
Motivforschung 43f.
Mut 46, 65

N
Nahrung(s-)
   –, geistige 123, 126, 132
   -aufnahme 167
Neinsagen 62, 64
Netzwerkpflege 67f.
Nutzen 36

O
Orientierung, innere 201

P
Pendler 80
Perfektionismus 59
Pflichtveranstaltungen 71f., 74
Preistabelle 35f.
Prioritäten(-) 27ff.
   -liste 44

Q
Quality Time 88f., 98, 101

R
Radsegmente 17
Reaktionsmuster 180

Regelkreislauf, kybernetischer 170
Reptilienhirn 185
Ressourcen 32
Rituale 94
Ritualisierung 67
Rollen-
   -problem 101
   -wechsel 101
Rückfälle 46

S
Schuldgefühl 104
Seele(n-) 214f., 217
   –, Sprache der 222
   -heil 213
Sektoren, sechs 16
Sex 112
Sexualleben 112
Singles 85f., 115
Sinn des Lebens 203, 210f.
Small Talker 111
Sozialkontakte 55
Spaßfaktor 157
Spielregeln 196
Spiritualität 16, 191, 201, 210, 212ff., 222
Spontanausgleich 172
Sport 174
Sprache der Seele 222
Sprachlosigkeit 109
Statusverlust 44
Störfaktoren 187
Stress(-) 90, 177
   -abbau 177
   -bewältigung 180

   -management 178
   -prophylaxe 178
   -resistenz 182
   -symptome 22

T
Tagesplanung 178
Teilziele 34
Termin-
   -vereinbarung 31, 62f.
   -verschiebung 64
To-do-Liste 62f.
Trennung, innerliche 215
Tunnelblick 60

U
Unsicherheit 184
Unterbrecher 180

V
Verarmung, soziale 57, 70
Verbindlichkeit 98
Verbundenheit 210, 218
Vergangenheit 204
Verhandeln 42
Vertrag 34

W
Werte(-) 191f.
   -konflikte 198
Wertfrage 197
Work-Life-Balance 17, 22, 74
Work-Life-Balancing-Programme 20
Work-Life-Kompetenz 22
Worst Case 76, 80

Wünsche-werden-wahr-
  Methode 30, 34, 37

Z
Zeit 58, 120, 132

–, für Freunde 53
Zerrissenheit, innere 217, 219f.
Ziel(-) 31, 33
  -punkt 23
Zufriedenheit 48